JN252675

ことばだけでは伝わらない

コミュニケーションの文化人類学

西江雅之
Nishie Masayuki

幻戯書房

はじめに

人と人との「伝え合い」。それが「ことば」だけで成り立つと考える人は意外に多いようです。それどころか、現場で話されているナマの「ことば」と、文字で書かれた「言語」を混同している人は、さらに多いのではないでしょうか。

本書は、人と人との現場での対面的なコミュニケーション（わたしは、それを「伝え合い」と呼んでいます）をとらえるためには、どのような要素を考えればもっとも効率よく的確にとらえることができるか、を考えることを目的としています。こうした「伝え合い」は、あまりにも日常的で、あらためて考察すべき対象とは思われないかもしれません。しかし、実際には、それを丸ごととらえようとすることは不可能と言えるほど、「伝え合い」は非常に複雑なあり方をもったものなのです。

「伝え合い」に関連した従来の研究の多くは、「言語」とそれ以外の「非言語」の領域に分けられて、言語学やノンバーバル・コミュニケーション（non-verbal communication　非言語コミュニケーション）研究などの分野で扱われてきました。こうした研究には、

「言語」や「身ぶり」、「視線」などといった「伝え合い」の一側面を切り離して個別に扱う傾向が強く見られます。

言語学でいう「言語」とは、実際の「伝え合い」の場で誰かが話しているナマの「ことば」から、文字などの助けを借りて紙の上に記述することでとらえられた、いわば「ことばの標本」にすぎません。一方で、「おはよう」という「ことば」を実際に話せば、誰の声なのか、男性の声か女性の声か、優しく言っているのか不機嫌な調子なのか、早口なのかゆっくりした口調なのか、といった様々な特徴が必ず伴ってきます。「伝え合い」においては、何を言ったかという「言語」面だけでなく、むしろ、誰がどのように言ったかという部分が大きな意味をもつことが少なくありません。しかし、文字で「おはよう」と書かれた時点で、すでにそこからは現実の「ことば」の声がもつ個人的特徴、性別特徴、情動、強弱、スピードなどは切り捨てられてしまっています。

さらに、現場でお互いに面と向かって伝え合う際に、「ことば」だけで相手に何かを伝えることができるでしょうか。「伝え合い」においては、いつ、どこで、誰が、誰と、どのように、といったことがすべて関係してきます。その「どのように」には、「ことば」だけでなく、「身ぶり」や「顔の表情」、「姿勢」といった「身体の動き」に関する要素や、人が身に着けている各種の「装い」、さらには互いの距離のとり方や体の向きといった「空間」、伝え合いにおける「時間」の使い方なども関わってきます。それどころか、そうした要素が「ことば」以上に雄弁に意味を伝えている場合があることは、皆さんの日常での経験からも実感できるところではないでしょうか。

わたしが強調したいのは、「伝え合い」においては、「ことば」やそれ以外の要素はどれ一つとして独立してそれだけで現れることはない、つまり、同時に溶けあって働いているという、ごく当たり前のことです。そのうちのいずれかの要素をテーマ化する場合には、その他の要素との関係の中でとらえなければなりません。しかし、いったん研究となると、「こんな身体動作をすれば、こんな意味が伝わる」といった具合に、「伝え合い」の一要素のみを対象としているにもかかわらず、あたかも「伝え合い」全体をとらえているかのような錯覚に陥っている例が少なくないのです。確かに、このように一要素で区切りをつけてしまえば、一見、話題が整然と見えて説得力をもちます。しかし、それは一種の「身体動作の標本」についての話であって、たとえば同じ「お辞儀」一つとっても、現実の「伝え合い」では、いつ、どこで、誰が、誰に、どのようにするかといった、その他の要素との関係で、相手に伝える意味は様々に変わってきます。

「伝え合い」をとらえるための「七つの要素」についての考えは、わたしが半世紀近く前から温めてきたものです。「伝え合い」の複雑さへの思いの原点は、動物好きで、身のまわりのスズメやネコたちの仲間になりたいと本気で思った少年時代にありました。また、言語や文化の研究のために、アフリカやカリブ海域、オセアニアをはじめ、秘境などと呼ばれる場所にもしばしば身を置いてきましたが、そうした土地の人びととのやりとりは、人間の「伝え合い」がもつ文化背景の問題について、実に多くのことを教えてくれました。現実の「伝え合い」は、手に負えないほど複雑な背景に支えられています。しかも、どのような「伝え合い」も一回かぎりのものです。そんな複雑で一回かぎりのものを考察の対象にしても無駄であるといった見方もあるでしょう。わたしの見方は、既成の「学」からは少々あふれ出した部分もあるかもしれません。本書での話題は、「伝え合い」に関する既成の学問の紹介ということではなくて、人と人との「伝え合い」のあり方を考えるための枠組みを提供するということに主眼を置いています。日常生活の中で「伝え合い」について考えるときに、ここからさまざまな気づきが生まれてくることを期待しています。

目次

ことばだけでは伝わらない

コミュニケーションの文化人類学

【初出】
第一章〜第九章＝『考える人』（新潮社）2009・春〜 2011・夏
本書は、「マチョ・イネの文化人類学」として連載された上記の初出原稿をもとに、著者が生前、大幅に加筆修正を施したものです。
書籍化にあたっては、表記は原稿のままを原則としました。ただし、著作権者の了解を得て、あきらかな誤記や脱字などを訂正したり、補足説明を追加した箇所があります。また、章題・見出しを適宜変更・追加した箇所があります。

【写真】（撮影・著者）
本 文 扉　ハバナ、キューバ、2004 年
第一章扉　クルアーンを読む男、モロニ、コモロ、1987 年
第二章扉　コモロ風の化粧、マヨット、フランス海外県、2001 年
第三章扉　コモロの“ココベニ”、モロニ、コモロ、1999 年
第四章扉　マサイの親子、グレートリフトヴァレー、ケニア、1980 年代前半
第五章扉　ハイチの市場、ポルトープランス近郊、1980 年代前半
第六章扉　チュニスの墓地にて、チュニス、チュニジア、1977 年
第七章扉　マサイの男、グレートリフトヴァレー、ケニア、1970 年
第八章扉　ラム島の路地にて、ラム島、ケニア、1970 年代後半
第九章扉　ハバナ、キューバ、2004 年

第一章

「言語」とは「ことば」の標本である

スズメの顔を見分けようとした少年時代

生き物好きには、およそ三種類のタイプが見られるように思う。その第一は生き物をペットとして飼う人、第二は生き物を自然の状態で眺めるのを好む人だ。そして第三は、身近な生き物に自分もなってしまおうと試みる人である。この第三のタイプに該当する人はきわめて数が少ない。

幼い頃のわたしは、生き物の観察に夢中だったので、まず第二のタイプに属していた。しかし、それ以上に、第三のタイプに入る典型的な子どもだった。身近に暮らす動物たちに対して、人間の友だちと同じように接していた。

わたしは、戦前の東京の生まれである。わたしが国民小学校に入った年（一九四五）に、戦争が終わった。その後、一年ほどして、疎開先の兵庫県の穏やかな田舎から、東京の東長崎の我が家に戻った。近所の家々だけは焼け残っていたが、池袋の駅前は見渡すかぎりの焼け野原で、はるか向こうの地平線から太陽が昇るのがよく見えた。

そのころは、東長崎のあたりにもまだ田んぼが残っていて、縁の下にイタチが来ることもあった。何匹かの野良犬や野良猫も住んでいた。空を見上げれば、ツバメもいるしコウモリもいた。近くの小さな林に行けば、青大将や縞ヘビの姿も見られたし、コジュケイの親が数羽のヒナを引き連れて、茂みの中を足早に歩く姿も普通に見られた。そうした動物たちの身のこなしの美しさや、生活のたくましさに魅せられたわたしは、自分も彼らのように自由に縁の下を這い、屋根から屋根へと飛びまわり、電柱を駆け登ってみたいと本気で思って、日夜、修業に励んだものだった。

夜明けと共に目覚める。そして、目覚めたら、その瞬間にパッとどこにでも走り去る。そんなことができるようにと訓練を重ねた。野生動物ならばごく普通に備わっている能力を自分も身につけ、犬、ネコ、スズメの仲間になろうと、子どもながらに一生懸命だったのである。たとえばネコは、どんな所からどんな風に突き落とされても、見事に身を返してスクッと足から着地して立つ。そうした技と気品のあるフォームを学びとろうと、「突然、誰かに突き落とされる」という場面を想定して、近所の家の塀や屋根の上から飛び降りたりしたものだった。「自然体」ということを、実感として学んだのも野良猫からである。そのころの思い出は、今になっても体の幾ヶ所に残されている傷跡だけとなった。

実技の面からの動物への接近のほかに、わたしは彼らをよく観察することも忘れなかった。彼らは、どのような場所に、どのようにして生まれ、どのように育ち、どのようにして生活しているのか。空を舞う幾種ものチョウや鳥の飛び方の微妙な違いや、地面を這う虫たちの進路のとり方など、身のまわりの生き物たちの姿に目を凝らし、耳を澄ました。臭いを嗅ぎ、その足跡に触れてみた。

たとえば、家のそばにはたくさんのスズメたちが暮らしている。そのスズメたちの顔を一羽ずつ見分けられるようになろう、鳴き声を聞いただけでその声の主がどのスズメなのかを知ろう、と努力した。それが実現できたならば、「このスズメは、いつもは家のそばにいるのに、今日はなぜ、こんな所まで遊びに来ているのだろうか」などと、思わぬ所での出会いに驚いたりして楽しくなるではないか。人間以外の様々な生き物たちと、互いに何ごとかを伝え合いたいという気持ちも強かった。ジャングルの中で野獣にもっぱら命令を伝えるばかりの密林の王者ターザンよりは、身近な動物たちの友としてアヒルやブタやオウムとのつきあいで日々を送るドリトル先生の方に親しみを感じていたのだ。

熱心に努力したにもかかわらず、わたしは、近所のスズメたちを、その顔つきや鳴き声で個体識別できるまでには至らなかった。しかし、身のまわりの生き物たちと「伝え合い」をしたい、という気持ちはずっともち続けていた。そんな折、自分でいろいろな本を読んでいると、不思議なことに気がついた。ネコは「ニャー、ニャー」、スズメは「チュン、チュン」と、どのネコもどのスズメも、いつも同じに鳴くように書いてある。さらに、まるで声だけで「伝え合い」を行なっているかのごとくにも書いてある。

しかし、わたしは、子ども心にそれは間違っていると思っていた。実際に、生き物の声の出し方は時によって異なるし、表現意図による違いもある。さらに、彼らは全身をコミュニケーションの道具として使う。それのみか、相手との距離のとり方なども「伝え合い」に利用している。身のまわりの生き物たちの友だちになろうと試みる中で、彼らの「伝え合い」はとにかく複雑だということを、わたしなりに実感していたのである。

「伝え合い」の世界への興味

生き物の「伝え合い」の世界への興味に気づき始めたころ、毎朝、飼い犬を連れて我が家の前を散歩する小柄な外国人の老婦人がいた。目の色から髪の毛の色まで、わたしが知っている人びととは異なる人物は、この時に初めて見た。その妙な婦人は、我が家の前で足を止めると、玄関先で犬に小便をさせ、「イッヒ、オッホ」などと、妙な音声を発しながら歩き去った。犬に何事かを語りかけていたのだった。後になって、その老婦人はドイツ人で、妙な声はドイツ語なのだと教えられた。わたしが初めて耳にした外国語であった。

さらに、家の近くにアメリカ人の宣教師一家が引っ越して来て、わたしはその家に遊びに行くようになった。すると、その家に電話がかかってくる。受話器をとった宣教師は、わたしにはまったく分からない一連の音声を発して、笑ったり、難しい顔をしたりしている。その未知の声の連なりの背後には、きっと思いもかけない世界が隠されているに違いないと、ワクワクしたものだった。英語という言語との出会いだった。

そんな思いが、わたしの興味を人間の「ことば」へと向かわせることになったに違いない。もともと、わたしには外国語を知って世界に視野を広げるとか、国際的な知識を増やすなどといった考えはまったくなかった。生き物の「伝え合い」を考えるうえでは、ドイツ人もアメリカ人も、そして日本人も、わたしにとってはネコやスズメと変わりはなかった。そして、それは今も変わらない。

中学、高校に入る頃までには、科学の概説書などにも親しみ、生き物のあり方についての知識も少しは増えた。そもそも生き物は、種類によって体の造りが違うではないか。だからこそ、体の外の世界にあるさまざまな出来事の感じ方、それらへの対応の仕方、表現のあり方も大いに異なる。こんなことを学んでいくと、それぞれの種類の生き物たちが、仲間同士で何の苦もなく行っている「伝え合い」の世界の仕組みがどのようになっているのか、その不思議にますます惹きつけられていった。

しかし同時に、残念ながら、自分はいくら頑張ってもネコやスズメやチョウにはなれない、彼らにはとても追いつけないという事実を知ることにもなった。本気で彼らのようになりたいと考えていたわたしには、それはちょっとした挫折でもあった。そして、わたしの興味は次第に、自分と同じ種類の動物である人間の方へと向かって行った。

「言語」と「ことば」

犬やスズメがただ吠えたり鳴いたりするだけで「伝え合い」を行なっているのではないように、人間の「伝え合い」は「ことば」だけで成り立っているわけではない。そのことは分かっていたが、わたしはまず、人間のコミュニケーションの一部を支える「ことば」に興味をもった。それは今、こうして書き綴っている、声なしの文字の羅列によるようなものではなくて、現実で実際に話されているナマの「ことば」であり、人間の口から発せられる声による「ことば」であった。

そのことを自分なりに探っているうちに、「ことば」の研究に一番近いとされる学問に「言語学」という分野があると知った。そこで、言語学関係の本をある程度読んでみたのだが、そこに書いてあることは、自分の興味とはかなり異なったものだという感覚をもった。言うまでもないことだが、言語学は、「声」を伴って話されている現実の「ことば」の中から見出された、「言語」なるものを研究する学問であった。

ここで言う「ことば」と「言語」の関係は、音楽でいえば、実際の演奏と楽譜の関係に似ている。そして、言語学というものは、たとえて言えば、「音楽に興味をもつなら、採譜の技法と、その結果できた楽譜についてのみ語れ。なぜならば音楽とは、すべての演奏を支えている基盤（楽譜）のことなのだ。一回かぎりのものである演奏については、語らない方がよい」という意見を強いるもののようにさえ、わたしには思えた。

ところで、このような「ことば」と「言語」の関係に関して、東アフリカの生活でわたしがえた新鮮な驚きの一つに、子どもたちの本の音読ということがある。わたしも子どもの頃には、目にする本ならば何でもかんでも声を出して呼んだものだった。良いとされている文章は、暗記するまで何回も何回も音読する習慣をつけられた。アフリカでのわたしの驚きは、音読に熱中する昔の自分と同じ姿を見出したということにもあるが、それよりも、子どもたちの擬音語の読み方にあった。ちなみに、アフリカの言語には擬音が多い。中には、日本語とあまりに似ているので、妙な気がする例もよく見かける。たとえば、スワヒリ語では、「釘をガンガン打つ」は、「釘をンガンガ打つ」と言う。「ンガンガ」の方が、釘が壁にしっかりと打ちこまれていく気さえする。

ケニアの田舎の小学校を訪ねてみたときのことは、今でも印象に残っている。粗末な草葺の屋根がただ柱の上に乗っかっているだけの壁もない教室の中で、子どもたちが夢中になって教科書を読んでいた。もちろん、読み方が上手な子もいるし、中にはたどたどしく文字を一つひとつ拾い読みしている子もいる。そして、本を読み進み、「……そこでライオンがウォーッと吠えました」というような箇所に出会うと、子どもたちは、それを文字の指示する言語音のまま読むことをせずに、あたかも本物のライオンにでもなったかのような声を出して、実際に吠えてみせるのだ。

ニワトリが出てくる場面ではニワトリになり、イヌのところにくれば、その途端にイヌになる。日本の子どものように、「コケコッコー」とか「ワンワン」といった文化的に決められた鳴き声を、単にすらすらと上手に読むというのとは異なっている。あの時、耳にしたケニアの子どもたちの声は、標本としての「言語」とナマの「ことば」の違い、音楽における「楽譜」と「演奏」の関係を思い起こさせるものでもあった。

「言語」は「ことば」の標本である

現実に話されている「ことば」は、音楽の演奏のように、一瞬のうちに消えてしまう。その時、その場かぎりの一回性のものである。その「ことば」の奥に潜む共通基盤としての「言語」なるものの把握を可能とさせているのは、文字の助けである。言語学では、文字という手段を使って、紙の上に「ことば」を定着させることで標本を作る。その標本には、話者の声はない。いつ、どこで話されたものなのかもない。「言語」とは、具体的な誰かによって発せられた「ことば」から、話者や肉声や、その場での脈絡などを抜き去ることでとらえられた、一つの抽象体としての「〜語」の標本なのである。それは個々の人間集団が長い歴史を通じて形成してきた、社会慣習としての音声伝達のあり方であり、約束事としての共通基盤である。

「〜語」と呼ばれるものは、それを身につけている話者の「皆のものであると同時に、特定の誰かのものではない」という不思議なものである。それを文字の助けを借りて視覚に訴える標本にすることで、人は、いわば現実の「ことば」の中に、それを支える仕組みとしての「〜語」を見出したとも言えるだろう。言語学の研究対象は、主にそのようにしてとらえられた標本の内部を探ることにある。

ちなみに、わたしは、人びとの現実の発話を「ことば」、そこからとらえられた「〜語」の標本を「言語」と区別して呼んでいる。この「ことば」と「言語」というものを、専門家の中にも混同している人びとが少なくない。なお、言うまでもないことであるが、人は「言語」を研究するために文字を発明したのではない。文字社会の人々が、後から「言語」の研究のほうに深入りしたのである。

このようなことを念頭においたうえで、他の言語における同様の語との対応を示せば、およそ次のようになるだろう。

日本語	ことば	言語
フランス語	parole（パロール）	langue（ラング）
英語	speech（スピーチ）	language（ランゲージ）

ちなみに、英語圏の学校では、「language」を扱う授業と、「speech」を扱う授業とを分けることがあるが、この場合、「language」で示されるのは「Linguistics（言語学）」のように「言語」を扱う部門であり、「speech」で示されるのは、演説や説得技法、アナウンス技法などで必要とする「話しことば」に関しての部門となる。

標本としての「言語」では、「窓を開けてください」という文は、何度くりかえして書いても同じ意味をもつとされる。しかし、現実に発せられた「ことば」の場合は、くりかえし言われることで次第にくどいと感じられるようになり、文字通りの意味とはまったく異なったメッセージを伝えるものになってしまう。たとえば、「これは本です」という文は、「言語」としては単純な文でしかない。しかし、ある人物が電車の中でおもむろにカバンから本をとりだし、隣に座った見知らぬ人物に真面目な調子で「これは本です」と言ったならば、その場は特殊な緊張感に包まれることは間違いない。まさに、「ことば」には、時と場所、相手があるのだ。

言語の仕組みをとらえる――「二重分節性」

では、言語学が対象としている「言語」の仕組みとは、どのようなものなのだろうか。

結論から言えば、人間の「言語」の仕組みを考える際に、もっとも重要になるのが「二重分節性（double articulation）」である。

言語学の用語には、とっつきにくいものが少なくない。「二重分節性」はその代表例であろう。詳細は難解ではあるが、以下に要点を示してみよう。

たとえば、「おーい、お茶」や「Who are you?」などと言う場合、通常、実際に話されている「ことば」には声の途切れは一切ない。物理的にも聴覚的にも、起伏があるだけの「声」の連続体である。しかし、その「ことば」を理解できる者であれば、そこにはいくつかの種類の「意味単位」と、それらの意味単位を構成している「音声単位」を見出すことができる。つまり、本来は連続している音声を、意味単位と音声単位によって、二重に分節されたものとしてとらえるのである。

「音楽」も「ことば」も、耳から聞こえる音であることは間違いない。にもかかわらず、「音楽」と「ことば」とが、明確に異なったものとしてとらえられるのは、音楽が音単位の分節のみからなるのに対し、「ことば」は意味単位と音声単位による「二重分節性」という性質をもっているからである。

ただ、言語の仕組みをとらえるには、単に現実の発話を、意味単位と音声単位に分けることだけで話が終わるものではない。後で述べるように、それらの単位がどのような規則性をもって連なっているのか、さらにそれぞれの単位にはどのような同類のまとまりが見

言語の音声単位、意味単位とその連なり方をとらえる

「ことば」の声は連続体

壁 / の / 色
か / べ / の / い / ろ
k/a/b/e/n/o/i/r/o
→記述方法によって様々な音声単位に分節できる

音声単位　k-o-r-e-w-a-k-a-b-e-d-a
意味単位　kore wa kabe da

音声単位の組み立て規則

日本語では bekado や dakura はあっても drab や kbod はない。

意味単位の組み立て規則

日本語では「kabe da kore wa」はあっても「da kabe wa kore」はない。

られるのかを、明らかにしてゆく必要がある。

世界は広く、それぞれの言語のあり方もきわめて多様であるが、しかし、それでもすべての言語が、様々な意味単位、音声単位、それらの連なりから構成されている、ということに変わりはない。一見、それぞれの言語にはかなりの違いがあるとはいえ、所詮は、同じ人類が話す言語のバリエーションに過ぎないのである。

言語の音声単位をとらえる

言語の仕組みを明らかにするための第一歩は、連続体としての

「声」を、紙の上に文字などで記述してゆくことである。この作業は、現実には連続している「ことば」の「声」を、いくつかの「音声」の単位に分け、一つひとつの図形に置き換えてゆくことである。記述に用いられるのは、既成の文字や、言語記述のための記号である。連続した声をどのように分節するかは、どのような記述方法を用いるかによって異なる。

言語音声をどのように分節して記述するかに関して、「壁の色」という発話を例にあげてみよう。すると、複数音を一つの記号で表わす文字を用いるか、シラブル（音節）記号によるのか、単音記号を用いるのかによって、「壁／の／色」、「か／べ／の／い／ろ」、「k/a/b/e/n/o/i/r/o」といった具合に、分節のあり方が異なってくるのである。

さらに極端な例をあげれば、音に非常に敏感な人物が、「おーい」という発話を対象として、異なった種類の音声がいくつあるのかを制約なしに拾い出していったとすれば、対象に忠実であればあるほど、その分節のあり方は無限に増えていくだろう。普通、「おーい」という日本語の発話は、長音の「おー」と、短音の「い」という二種類の音で出来ていると思われている。しかし、「おーい」という発話も、その出だしから終わりまでを○・○一秒単位で区切ってみれば、声のふくらみや強弱など、一瞬として同じ声ではない。その微妙な違いを拾い出して、百を超えるほどの異なった種類の音声をとらえ、それらをそれぞれ異なる記号で示すことも、やろうと思えば可能である。ただ、そうした作業は、その熱意は別として、言語の仕組みを考えるうえでは無駄というものである。必要なのは、その言語を成り立たせるのに必要不可欠な音声単位のあり方をつかむことなのである。

ちなみに、「〜語」と呼ばれる言語が最低限度必要とする音声単位の数は、現在、世界で話されている六千種以上とされる言語の大方において、わずか三十種から四十種ほどである。日本語を例にとれば、ある人が朝から晩まで話し続けたとしても、その発話で使用された音声の種類は三十数種類にすぎない。

わたしの経験では、言語の音声単位の数に関してこのような話を始めると、常に何人もの人から同じ質問を受けたものである。すなわち、「その数は間違っていませんか。日本語は五十一音と教えられましたが」というものである。しかし、それは日本語の仮名文字の数と、実際に使われる音声の種類の数とを勘違いしているために、生じる疑問なのである。

仮名文字はシラブル文字で、母音の「あ・い・う・え・お」、子音の「ん」を除いては、子音と母音の組み合わせを一文字で表記する。たとえば、「か・き・く・け・こ」は、それぞれka・ki・ku・ke・koといった具合に、子音と母音が一つずつ組み合わされて出来ている。したがって、そこに見られる音声単位を子音と母音というレベルでとらえれば、「a・i・u・e・o・k」の六種類のみとなるのである。

こうした音声の種類だけでなく、さらに、その言語で単語の語尾の音声を尻あがりに上げたのと逆に下げたのとで別の意味になるという具合に、声調《トーン》によって意味が異なってくる現象が見られるならば、声調も必要なものとして、音声単位に数えなければならない。加えて日本語では「おばさん」「おばーさん」のように、短／長が意味の区別に不可欠であれば、その短／長という特質も、音声単位の一つとして扱わなければならないことになる。

言語の意味単位をとらえる

また、言語には「意味」というものが付きまとう。「意味」は様々な意味をもつ語であるが、ここで言う「意味」とは〈面白い〉とか〈つまらない〉、〈重要だ〉や〈無意味だ〉といった価値評価のようなものではない。「猫の手も借りたい」という例の「手」に見られるような、発話の中で置かれている位置や前後の脈絡で変化する広い意味のことでもない。「ツクエ」とか「イス」のように、音声の連鎖が一つのまとまりとなっている時、それがある事物を指示しているといった、いわば単純な辞書に見出だせるような文字通りの意味である。

すると、「コ／レ／ワ／カ／ベ／ダ」という音声の連鎖には、さらに「コレ／ワ／カベ／ダ」のように、いろいろな意味の単位を見出すことができる。すなわち様々な種類の意味単位に分節できるのである。つまり、人間が話している「ことば」には、様々な種類の音声単位と様々な種類の意味単位、そして、それらの連なりからなるものとしての「言語」が見出せる。逆に言えば、人間は、そうした仕組みからなる「言語」に支えられて、「ことば」を話しているのである。

ところで、言語の意味単位といえば「単語」だと思われがちであるが、世界各地で実際の言語の事例にあたってみると、「単語」という語の使用が難しい例が続出する。

言語の意味単位には、単語のように、音声の一連の並びが一つの自立した意味を成すものがある（例 ｋａｂｅ〈壁〉）。しかし、そのままでは自立して意味をもたないｔａｂｅｒ－のような例もある（ｔａｂｅｒｕ〈食べる〉から、最後の音声－ｕを除いたもの。－ｕ〔終止〕、－ｏ〔命令〕、－ｅｂａ〔仮定〕などの部分はｔａｂｅｒ－とは別の意味をもっている）。そのままでは自立できない意味単位には、別の意味単位の前に付加されなければ成り立たないものもある。英語の rewrite や recopy という語の頭に見られる音声単位ｒｉ－〈繰り返す〉は、その一例である。この意味単位は、現実の会話の中でｒｉ－だけで現れることは決してない。

その他に、そのままでは自立できない意味単位が、単語の中に入りこんでいるという例も少なくない。東アフリカで共通語として広く話されているスワヒリ語では、たとえばｎａｍｐｅｎｄａという一語は、ｎ－〈わたし〉、－ａ－〈現在〉、－ｍ－〈彼を〉、－ｐｅ nd‐〈愛する〉、‐a〈動詞の変化形の一種〉という小さな意味単位に分けられる。その中の‐m‐〈彼を〉は、それのみで自立して実際の会話に現れることはなく、その前後に別の意味単位が連なっていなければ成り立たない。

また、意外に思われるかもしれないが、音声が飛び飛びに連なっていて、その間に別の意味単位を表わす音声が入りこんで初めて意味が成り立つ、という言語も珍しくない。アラビア語の場合、KaTaBa〈彼は書いた〉、KiTāB〈本、単数形〉、KuTuB〈本、複数形〉、KuTuBi〈本売り業〉、MaKTaB〈オフィス〉といった例をあげてゆけば察しがつくように、「K‐T‐B」の部分は〈書く〉ということに関わる意味をもつと共に、その語の基本的な意味を成す。そして、その間に置かれた母音（i、a、uやその長母音）や接辞Ma‐などによって、具体的な意味が加えられるのである。

さらに、意味単位は、汽車の車輌のように整然とつながっているものとは限らない。「デンキ〈電気〉」と「カマ〈釜〉」の連続が「デンキガマ」となるように、ある意味単位の音声は、それに連続する他の意味単位の音声との関係で、別の音声に変化したり、さらには消えてしまったりするといったことも普通である。

こうした意味単位のあり方を、世界の様々な言語の例をあげながら詳細に示していくと、収拾がつかないほど煩雑なことになりかねない。その詳細に深入りすることは、本書の目的ではないので、このあたりに留めておくことにしたい。

意味単位の連なり、音声単位の連なり

さらに、意味単位の連なりと音声単位の連なりのあり方について考えてみよう。たとえば、意味単位については「これは壁だ」という発話を「カベ／ダ／コレ／ワ」と組み替えても、日本語としては支障がない。しかし、「ダ／カベ／ワ／コレ」などというのは、日本語として成り立たない。

音声単位についても同様のことが言える。たとえば、日本語の発話の中の音声単位を様々に組み替えてみたならば、中には日本語として成立しないものが生じる。先にあげた「ｋｏｒｅｗａｋａｂｅｄａ」（音声単位を示すために子音と母音で表記）という発話を例にとると、その内部に見られる個々の音声単位を組み替えて、「ｋａｒｅ（彼）」とか、「ｂｅｋｏ（べこ、子牛）」、「ｗａｋａｒｅ（別れ）」などという音声連鎖を作ることは可能である。だからといって、「ｄｒａｂ」とか「ｋｂｏｄ」などという音声連鎖を作ってみても、それは日本語としては通用しない。異なった子音が二つ以上連なるといった組み合わせは、日本語には基本的に存在しないからである。しかし、「ｂｅｋａｄｏ」や「ｄａｋｕｒａ」といった音声連鎖であれば、一般的な日本語の単語にはないが、日本語の音声連鎖としてはありえる組み合わせだと言える。

要するに、音声単位の連なり方、意味単位の連なり方には、個々の言語で許される「並びの規則」があるということなのである。

単位に見られるまとまり

「言語」の仕組みをとらえるには、音声単位と意味単位、そしてそれらの連なり方を考えるだけでは、まだ十分ではない。次のような例を考えてみよう。

（例1）	この	ひと
	その	ひと
	あの	ひと
（例2）	わたしの	本
	あなたの	本
	彼の	本

たとえば、「このひと」という表現で、「この」を「その」や「あの」に置き換えても、同じ連なり方が可能である。同様に、「わたしの本」という連なりにおいて、「あなたの」、

「彼の」と置き換えることも可能である。これらの例に見られるように、意味単位の中には、空間、時間、相手との関係、物の種類などを手がかりとして、ある種のまとまりを見せる類語をもつものが少なくない。人称表、指示代名詞表などに見られるものは、その一例と言える。

以上のことを簡略化した上でまとめてしまえば、人間の言語は、まず、分節された音声単位と、分節された意味単位からなる（「二重分節性」）。さらに、それら両者の連なり方と、そうした一群のまとまりをなす音声単位や意味単位のバリエーションから、言語は成り立っているのである。

人間の「ことば」がもつもう一つの特徴

言語の「二重分節性」は、人間の音声伝達のあり方と、他の動物や鳥などが行っている音声伝達のあり方との違いを示す、もっとも重要な根拠である。ただし、「言語」が人間だけのものであるというのは、この二重分節性からのみ言えるわけではない。犬を例にとれば、並の人間以上の判断能力をもっている優秀な犬でも、人の「ことば」が本当の意味で分かることはありえない。

たとえば、「隣の部屋に、昨日もらった美味しい肉がとってあるよ。行ってごらん」と、その部屋の方を見ずに、犬に向かって話しかけてみる。「おととい遊びに来た人は、どうだったかい？」と犬に尋ねたり、「明日は、どこに遊びに行こうか？」と犬に優しく話しかけてみたりする。「ことば」を使った驚くほど高度な命令を理解して行動する犬でも、こんな単純な「ことば」が通じることはない。

それは、直接に知覚できない空間内での出来事、すでに過ぎ去った過去や、まだ来ない未来の出来事を、音声だけで自在に他の個体に伝えるということが、犬にはできないからである。もちろん、それは犬と人間のどちらが優位かということではない。そもそも体の造りが異なっているのである。

「ことば」から外れて「言語」の話に入りこみかけてしまったが、こうした前提は「ことば」について語る場合にも押さえておかねばならない話題である。では、本題に戻ることにしよう。

「伝え合い」のなかで「ことば」をとらえる

現実の「ことば」を研究対象とする場合には、大別して二種類の話題が見られる。

その一つは「ことば」そのものの仕組みなどに焦点をあてた話題で、もう一つは、「対面的コミュニケーション（face-to-face communication）」のあり方に関するものとしての「ことば」の話題である。そして、多くの場面で問題となるのは、この二つの話題が混同されている点にある。なお、対面的コミュニケーションとは、新聞やテレビ、ラジオといった、マスメディアを介したマスコミュニケーションとは異なり、人間という動物がもつ自然の身体機構、生理反応などによるものであり、「二人以上の人間が、同じ時間、同じ場所で、一つの事柄を共有している状態」を指している。わたしはそれを「伝え合い」と呼んできた。

「ことば」は対面的コミュニケーションの一部分でしかない、とあえて断るのは、それが「伝え合い」に分かち難く関与する相手との関係、時間や場の状況といった幾種類もの複雑な要素の一部でしかないからである。人間は、書かれた「言語」だけである種の間接的な「伝え合い」をすることが可能であるが、現場での直接的な「伝え合い」は、「ことば」だけでは成り立たない。この話題は、「ことば」を考えるうえで重要なものであるので、別の章に詳しく述べることにしたい。

ところで、一口に「ことば」と言っても、「ことば」という語には驚くほどの多義性があるために、話に混乱を生じやすいことには注意が必要だ。たとえば、ある場合には、日本語、中国語といったような、個々の「〜語」を指して用いられる。たとえば、「外国のことばが分かりますか」という問いなどに出てくる「ことば」である。別の場合には、一つの言語内に見られる地域的な変種である方言や、話し相手によって使い分けられる敬語や卑下語のような対応表現のあり方を指しても使われる。「人類はことばを話す動物だ」などという例に見られるような、「人類の言語」の総称としても使われる。単語、句、節、文、発話など、言語に見出せる意味単位のすべてを指すこともある。あるいは、人間の身体動作による「伝え合い」を指して、「身ぶりことば」などと呼ぶ例もある。

また、「ことば」は、人間以外の動物のコミュニケーションを指しても使われる。さらに、「ミツバチのことば」などというように、ある種の情報伝達行動を指して用いられる場合もある。さらには、「誕生石のことば」「花ことば」などに見られるような用法もある。

わたしはそれほど頭が固いわけでもないので、誰かが「犬のことば」だとか「桜の木が話すことば」だとかと言っても、特に気にはならない。それどころか、「今朝もカラスが、おはよう、とことばをかけてくれた」とか、「小鳥と花がことばを交わしあう」といった童話も好きである。鳥の「ききなし（鳥の鳴き声を人間の「ことば」として解釈する風習）」は、わたしの関心領域の一つでもある。ただ、このような多義性に包まれた状況のなかで、人間の「ことば」の話をすることは困難であるので、あらためて、「伝え合い」との関係において「ことば」という語で表わす対象を明確にしておくことにしたい。

生き物の「伝え合い」のあり方を簡略化して示すと、次のように整理することができる。

❶同種間での「伝え合い」

たとえば、人と人、スズメとスズメなど。基本的に同じ身体的な根拠をもつ。

❷異種間での「伝え合い」

たとえば、人と犬、人と馬など。互いに共通する部分もあるが、基本的に異なった身体的な根拠をもつ。

本書で話題としていくのは、同種間での「伝え合い」のうちの「人と人」との「伝え合い」である。そのために、その一部をなす「ことば」を、とりあえず話題とする。

音・声・ことば・言語の音声

「ことば」の話に入るうえで、まず、人間をとりまく「音」世界のうちで、「伝え合い」に関係するのはいかなるものなのかを整理しておく必要がある。たとえば、ドアのノック、地団駄を踏む足音、暴れて物を壊す音などは、「伝え合い」で使われる「音」である。そのほかに、咳、くしゃみ、しゃっくり、いびき、ため息、「ことば」などの人の口から発せられる「声」は、その「音」の一部である。「ことば」は人間が出す「声」の一部であり、その「ことば」を支えるのが、「言語の音声」とされるものである。

ところで、「音」と「声」が同じ単語で表わされる例があることに気づいたのは、わたしがアフリカやオセアニアなどで言語の調査をし始めた頃であった。その地方には、この両者を同じ一単語で表わす言語が多いからだ。確かに、「声」は「音」と異なるものではなく、「音」の一部である。大ざっぱな意味づけをすれば、「声」は人間をふくめた動物の鳴き声などで、肺、気管支、口腔、鼻孔、舌、歯などを利用し、調節して出されるものであり、「音」は、それ以外から出るものである（とはいえ、「虫の声」は、体の一部を擦ったりして出すものなので、「虫の音」と言わなければならないものなのだが、その音の主が生き物であるということで「声」とされてしまう）。

あらためて要約すると、伝え合い＞音＞声＞ことば＞言語の音声、の順に細分化していく。このうち、「〜語の音声」というところには、特別な注意が必要である。「言語の音声」とされるのは、実際の「声」ではない。それは特定の言語の発話に認められる声の「種類」なのである。つまり、「言語の音声」とは、具体的な個人の声がもつ特徴を捨象してとらえられたものなのである。

音声単位の対立

そのような「言語の音声」の単位を明らかにするためには、まず、最小の意味単位をいくつか比較することで、その意味の違いを生じさせる根拠、つまり音声単位の「対立」と呼ばれるものを見出すことから始めることになる。

日本語の例で、音声単位の「対立」を明らかにする過程を説明してみよう。たとえば、「カベ〈壁〉」と「カビ〈黴〉」、「ベン〈便〉」と「ビン〈壜〉」。これらは日本語の最小の意味単位の一例である。もちろん、実際の「カベ」という語の使用を観察すれば、誰がいつどのように発音するかは千差万別であり、厳密には一度として同じではありえない。それにもかかわらず、日本語が分かる者であるならば、それらを基本的には同じ意味を示す「同じ種類」の言語音声としてとらえるだろう。ところがこの「ｋａｂｅ」の「ｅ」が「ｉ」になっただけで、語の意味は異なるものとなる。こうした意味の違いを生じさせるような音声の種類の違いのあり方を、「対立」という語で表すのである。

このように、「声」そのものとしては個人差が見られようとも、「言語」としては、各々の「音声」に一定の領域というものが認められる。さらに例をあげれば、「ビル〈建物〉」と「ピル〈錠剤〉」とは意味が異なるし、「パリに行く」と言えばフランスに、「バリに行く」と言えばインドネシアに行くことになる。このように、「ｂ」と「ｐ」という二種類の音声の間には「対立」があるので、別の音声単位として扱わなければならないのである。

しかし、世界の言語の中には、ビルとピル、パリとバリとに意味の区別がない言語もある。たとえば、もし、古典アラビア語にこれらの発音の単語があるとすれば、それらは同じ意味の単語である。古典アラビア語では「ｂ」と「ｐ」とは「対立」が見られないため、これら二つの音声単位の間には意味の違いが生じないのである。そのような言語では、パリと言ってもバリと言っても、それだけでは、目的地がフランスなのかインドネシアなのかがはっきりしない。目的地がどこなのかをはっきりさせるには、話し手の側が多少の説明を加えなければならない。

このような「対立」を見出す根拠には、個々の言語がもつ語の中に見られる音声の種類、同種の音声単位に見られる有声／無声、有気／無気といった性質、音声の高／低、長／短、詰まる／詰まらない、などがある。たとえば、日本語では「ビル」と「ピル」〈有声／無声〉、「ビル」と「ビール」の区別〈音声の長／短〉、あるいは「カコ〈過去〉」と「カッコ〈括弧〉」の区別〈詰まる／詰まらない〉は簡単になされるが、言語によっては、「ビル」と「ピル」と「ビール」、あるいは「カコ」と「カッコ」は同じ意味の単語としてとらえられる。日本語では「対立」の根拠となるものが、それらの言語においては「対立」の根拠とはならないためである。そうした言語においては、これらの発音の違いは、その語を発する時にこめられるニュアンスの違いでしかないとされるのである。

わたしはアフリカ、インド洋諸島、中南米などで、幾種類もの言語の調査をした経験があるが、その場合、まず、現場で対象とするのは、その土地に住む住民が話す「ことば」である。

その時、初めに行うのは、彼らの話す「声」に耳を傾け、意味単位を手がかりとしながら「言語音声」を整理することである。

その「言語」に支えられた「ことば」で、彼らは何を行なっているのか。その「ことば」が彼らの「伝え合い」の中で、どのような役割を果たしているのか。そうしたことは、「言語調査」の後に控えているのである。

第二章

「ことば」だけでは伝わらない

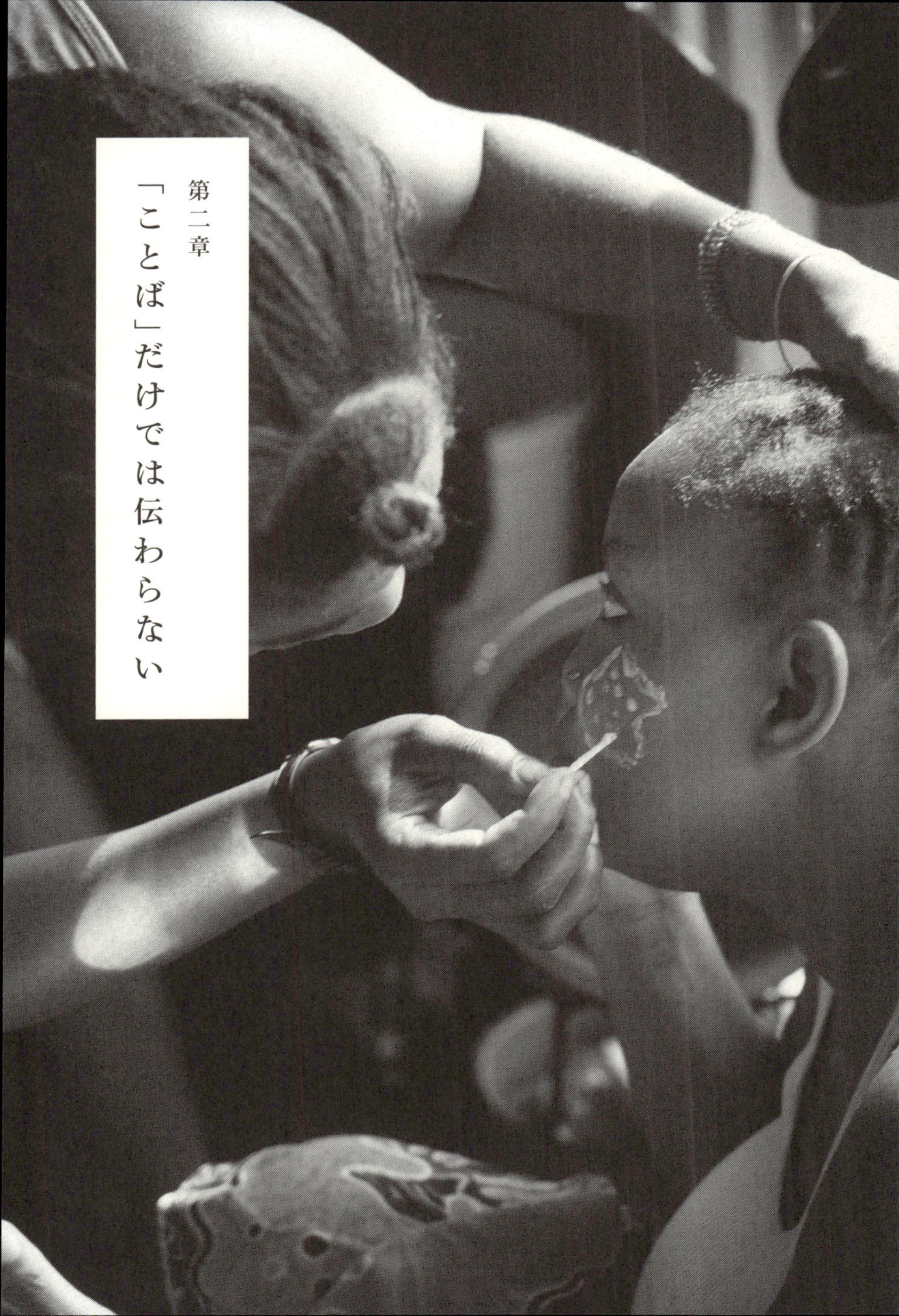

「伝え合い」の一部分としての「ことば」

この本での基本的な話題は、「伝え合い」、つまり「人間同士が行なう現場でのコミュニケーション」に関してのものである。

前章では、この種の話題になると最も大きな関心がよせられる「ことば」とはどのようなものかについて論じた。また、「ことば」を支えるものとしての「言語」の領域や、「伝え合い」の一部分を支えているにすぎないものとしての「ことば」のあり方に触れてみた。

これから現場での「伝え合い」における「ことば」のあり方を考えるにあたっては、さらに、少し話題の交通整理をしておかねばならない。

まず、「伝え合い」のなかで、「ことば」はその一部分でしかない。つまり、現実の「伝え合い」は「ことば」のみでは決して成立しえないということである。しかし、この当たり前の事実は、意外なほどに見落とされている。現場での「伝え合い」における「ことば」と、その背後にある社会的な共通基盤としての「言語」とが、あたかも同一のものであるかのように扱われてきたからである。そもそも「ことば」の領域とは何なのか、現場での「伝え合い」において「ことば」は他の諸要素との関係の中でいかなる位置を占めているのか、といった視点は、ほぼ無視された状況が現在も続いている。

学問の多くは、現実の対象からその一側面をとり出してテーマ化し、研究の枠組みをがっちりと固めてゆく。その利点も大きいが、一方で、ナマの現実を見て、そこから考察するのではなく、研究の枠組みにそった見方しか出来なくなってしまうこともある。

たとえば、哲学における人間観の一つに、「人間は肉体と精神から成る」というものがある。それは、人間という存在について、肉体という側面と、精神という側面から語ることができるということであって、この両者が別個のものであるということではない。だが、研究となると、肉体と精神とを別々にテーマ化し、支障を感じない。そうした見方を極端にすれば、「とりあえず、肉体を自宅に置いておいて、精神だけが会社に出かけて仕事をしているとしよう」といった話も成り立ちそうだ。しかし、それは現実の人間の話ではない。

犬は「ことば」がわかる？

「うちの犬は、ことばが分かる」。このようなことを真面目に言う人は多い、しかし、前章でも述べたように、人間の「ことば」が分かる犬などは、この世に存在しない。もし、それを疑うならば、「ことば」が非常によく分かるというその自慢の犬に、「きのう道で出会った、あの人をどう思う?」とか、「今日の夕方、駅前のスーパーで安売りがあるけど、行ってみない?」などと、尋ねてみたらどうだろう。こんな簡単な日常的な問いにさえ、犬は答えることができないはずである。それは、過去や未来の出来事、直接には知覚不可能な場での出来事などを、犬は音声だけで他の個体と伝え合うことがないからである。

言うまでもなく、犬は人間とは体の造りが異なっている。知覚のあり方も異なる。いつもと変わらない調子で犬に向かって「おさわり!」と言っても、犬はさわってはこないで「お座り」をする。「こて!」と言っても、剣道の小手のように打ちこんでくることはなく、「お手」をするだろう。無論、その対応の違いは種の違いからくるものであり、動物としての優劣の問題ではない。

重要な点は、犬と話ができると言う人は、「ことば」と「コミュニケーション」とを同一視していることである。そもそも「コミュニケーションがうまくいく」という話は非常に厄介なものであり、そのことについては別の章でふれることにしたい。ここでは、それを世間で日常的に見られるような、「自分と気持ちが通じ合う」(これも自分の一方的な思いこみでしかない場合も多いが)といった非常に大雑把な意味として考える。すると、巷には人間の仲間よりは、むしろ自分のペットである犬との方が、よっぽどコミュニケーションがうまくとれていると信じている人は多いはずだ。その人びとは、毎日、犬に「こと

犬と人のコミュニケーション領域

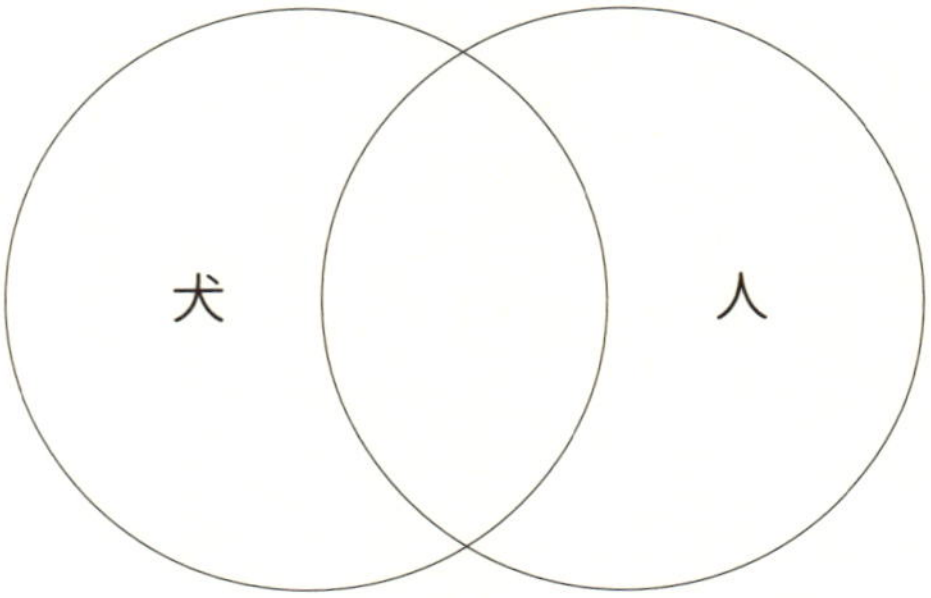

ば」をかけている。しかし、そこで通じているのは、「ことば」の「言語」面ではなくて、当人の「ことば」に伴う声の表情、情動、そして、顔の表情や身体動作などが表現しているものなのである。

「伝え合い」と「ことば」、そして「言語」。それらの関係を考えるのによい例として、しばしば耳にする次のような話がある。

「最近、引っ越してきたアメリカ人の子どもは、近所の子どもたちとなかよくサッカーをして遊んでいますよ。アメリカ人の子どもは英語だけ、他の子どもたちは日本語だけなのに、うまく通じているんですね。言葉の壁なんてものは、子どもたちには無くて、話しているうちに通じてしまうのですよ」。しかし、その場で通じているのは、子どもたちが話す「ことば」に付随する声がもつ情動面であり、身ぶりや顔の表情などなのである。さらに、この両者は、サッカーというゲームのルールを知っているので、

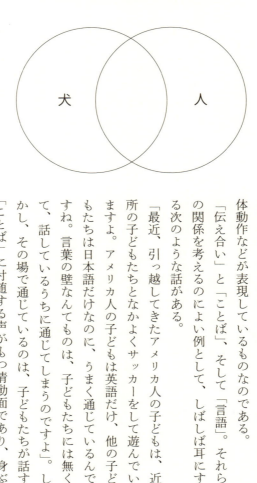

行動面では伝え合いに支障はない。互いの言語を知らないその子どもたちに、新しいゲームのルールを紙に文字で書いて日本語や英語という「言語」だけで示したならば、互いに通じるものは何も無い。

「言語」としては同じでも、「ことば」は無限の表情をもつ

教室での授業でも、「伝え合い」と「ことば」、そして「言語」の関係がこれまでいかに切り離されて扱われてきたかを感じさせる場面に出会うことがある。たとえば、言語学や国語学を専攻する学生たちは、「おはよう」と言えば、どんな調子で言っても、同じ意味をもつ挨拶表現として扱う。その「おはよう」を、どのような声で、どのような調子で言うか、あるいは、どのような態度で言うかといった、現実には大きな意味を占めるはずの問題が話題にのぼることは少ない。しかし、演劇を専攻する学生たちの場合なら、この「おはよう」というセリフを、十種類以上の異なった意味をもつように言ってみなさいという要求に、至極簡単に応えることができる。男の声、女の声、幼児の声、老人の声、嫌味をこめた声、好感を与える声、晴れやかな声、暗い声など、その場での話者の感情のみではなく、人間関係をもふくめて、異なった意味をもつ「ことば」で表現することが可能なのだ。

従来の言語学は「言語」を研究する。そこで対象とする「言語」は、社会的な共通基盤をもつ音声伝達のあり方を、記述によって提示した一種の標本である。「言語」としては何度くりかえしても同じ意味をもつとされる例文が、「ことば」として発されたとき、実に多様な意味をもちうるということは研究の対象外とされる。

しかし、近年、この「言語」と「ことば」の違いに注目する研究も増えてきた。「話しことば」の研究などと題した本や論文を目にすることも多い。だが、そのような研究のほとんどすべては、実際は、口語体の「言語」研究なのである。

過去の言語学では、現実の「ことば」から規範的な例をとりあげて研究対象とする立場をとってきた。そのため、「彼は来ません」という規範的な例文をとりあげる一方で、「あいつは来ないよ」というような文は特例として扱う傾向が強くなる。そこでこのような例を「話しことば」と名づけて、新たに研究対象としたのである。現場でのこうした「ことば」に深い関心をもつ人びとは、精神科の医者やカウンセラーには少なくない。しかしそれも、「伝え合い」の一方の側が患者であったり相談者であったりするような、限定された場面での「ことば」を対象とするものである。

いずれにせよ、「ことば」を、人間同士が現場で行なっている「伝え合い」全体の中でとらえる視点をもつ人びとは、意外なほど見当たらない。わたしは一九六〇年代の半ばから、「ことば」のあり方を、現場での伝え合いを支える他の諸要素との関係の中でとりあつかうことを主張してきたが、そうした試みに関心をよせる人びとは、言語学、国語学の世界には皆無と言えるほどであった。

「言語」としての意味、「ことば」としての意味

たとえば、「話しことば」の研究では、「明日は、どこに行くの」よりは、「明日は、どちらにいらっしゃるのですか」の方が丁寧だとされる。しかし、そうした考えが成り立つのは、そう「言ったならば」ではなく、そう「書いたならば」、という前提があってのことである。それは書かれた「言語」としては敬語表現であっても、現場で発せられた「ことば」の例としては、このセリフを誰が誰に向かって言ったのか、どんな状況で言ったのか、いかなる態度で言ったのか、などで実際にもつ意味は大きく異なるからである。

極端な例をあげれば、一人住まいの若い女性のアパートに、夜の遅い時間、突然、男の声で「明日は、どちらにいらっしゃるのですか」と電話がかかってきたとする。それは確かに「言語」面では丁寧ではあるが、その人物の「ことば」を丁寧だと思う女性は普通いないだろう。驚いて電話を切るか、「いい加減にしてください」と怒って受話器をおくといった対応をとるだろう。さらに、現実に話された「ことば」であれば、その声の主がまるで分からないということはありえない。最低限、電話をかけてきたのは知らない男だと

いうことぐらいは分かるはずだ。その場合は、「こんな夜中に、なんて失礼な！」といった具合に、社会通念から判断した対応をとるだろう。あるいは、電話をかけてきた男は仲がよい友人かも知れない。その場合は「なんなの、こんな時間に」と、返事の調子はまた異なるものになるだろう。

このように本来、現実の「話しことば」というものは、文字通りの意味だけでとらえられるものではない。誰が、誰と、いつ、どのように、といった現場に関わる諸要素を抜きにしては語ることができない。「言語」表現と「ことば」表現とでは、紙に書いた文例では同一の意味をもつものであっても、大きな違いが出る。

たとえば、机を指差して「これは本ではない」と言うことは、「ことば」の場合でも普通ではない。しかし、目の前の人物が読んでいる本に対して「こんなのは本ではないよ」と言うといったことは、ごく普通に見られるだろう。その「ことば」は、相手が読んでいるものが、自分が本として認める水準に達していないと言っているのであって、大量の文字が印刷された紙を何百枚も綴じた物体を指して、それが本ではないと言っているのではない。

だが、現実はなかなか一筋縄ではいかない。いつだったか、デパートの家具売り場を通り過ぎたとき、その店頭においてある洒落たゴミ箱に、通りすがりの客が、ゴミを投げ入れようとした。それを見た店員がすかさず「あっ、それはゴミ箱ではありません」と言って注意した。そのゴミ箱は商品だったのである。かつて、パイプの絵を描いて、「これはパイプではない」と「言語」で書きこんだ前衛芸術家がいたが、日常の「ことば」表現はそれ以上に複雑なのである。

「ことば」の四つの表現形式

世界で話されている諸言語を見わたしてみると、共通する「ことば」の表現形式が幾種も存在することに気づく。その一例としては、現場での人間関係をふくむ「ことば」表現に、敬意表現、見下し表現、公的表現、親密表現、という四種類の基本形式があることがあげられる。それらが現実にどのように表現されているかを考えるには、言語面だけとらえても決して十分ではない。このことについて、日本での場合に見られる一般的な例を示してみよう。

❶敬意――社会的な上下関係にもとづく敬意を表す

（例）「明日も事務所にいらっしゃいますか？」。これは一般的な敬語表現の一例とされる。しかし、「明日も来るんですか？」のような、普通は仲間同士でしか使わないはずの言い方を敬語と同じ感覚で使う若い社会人が最近は増えている。後者の例は、敬意を表す「言語」としては社会的に容認されないと考えられているが、現実の場面で親しみをこめた口調で言われるこうした「ことば」は、若い人びとにとっては上司への信頼感をこめた丁寧な表現であると感じられるようになってきているのである。一方、年配の者には、こうした言い方は「言葉の乱れ」と感じる人が多い。

❷見下し——相手を見下す

（例）「ひどい。こんな馬鹿なことをしやがって！」。これは「言語」表現でも「ことば」表現でも普通の例である。しかし、同様の意味を伝えるのに、「うわぁー、なんと素晴らしいことをしてくださいましたね！」と表現する場合も珍しくない。後者の例は、「言語」面のみ見れば、敬意表現であり、賞賛表現である。しかし、現場での「ことば」としては、言うまでもなく、相手を非難し、見下すものである。さらに、その表現に続けて、「だから、もう二度とするな！」などと、文字通りの否定命令文を頭ごなしに言う人はいないだろう。「いやぁー、ありがとうございました。もう、これ以上、なさらなくても結構です」などと、さらなる敬意表現が続くことになる。この状況を「言語」で表現するには、セリフだけでなく、その後先に現場の脈絡を説明するための、別の「言語」での補足が必要となってくる。

❸公的――差し障りない関係を表現する

（例）店員が客に品物を見せながら、「どちらになさいますか？」と言う。こうした表現は、従来は敬語と呼ばれてきたが、現在では、敬意を示すものとして敬語が使われる例は少ない。ほとんどの場合、敬語は、私的な人間関係以外の場面で、いかなる相手に言っても差し障りないとされる公的な対人関係で用いられる表現となっている。

❹親密――気のおけない仲間関係を表現する

（例）「明日、また来れるかしら？」。親密な仲間同士であれば、これは「言語」表現でも「ことば」表現でも普通の例である。しかし、その仲間同士で、「明日、また、おいでになれますか？」などと言ったならば、その表現はいつも互いに話している会話よりは強い意味をもつことになる。他人行儀にならなくてはならない状況だとか、または、何らかの裏の意味をふくむ表現や、相手に冗談めかして言う表現としても用いられる。

「ことば」の表現は、「言語」だけではとらえられない

このように、たとえば「言語」としては敬意を表現するものであっても、現場の「ことば」としては用法が大いに異なるのが普通なのである。言語学では一般的に、文字通りで

はない意味をもちうる「ことば」の複雑なあり方は扱わない。あるいは、扱ってはならないと信じられているために、研究者自身が日常生活で普通に口にするはずの実例が、研究対象から排除されることになるのだろう。

人間は、動物の中で唯一、「言語」というものをもつ。それを根拠にして、人間の優越性を誇る人は多い。しかし、わたしから見れば「言語」は、単に人間という動物を特色づけるものではあっても、他の動物と比べて誇るところは何もない。それに、人間だけがもつ行動は「言語」以外にもいくつもある。たとえば、喉が渇いてもいないのに茶や酒を飲みに行くなどという行為は、人間独特のものである。他人と連れだって飲むという行為は、場合によっては、「言語」によるコミュニケーションよりもずっと効果的な力を発揮することもある。「言語」が人間にとって大切であることは確かだが、そのことと、「言語」をもたないゾウやクジラなどのコミュニケーションを、優劣のレベルで話題にすることはできない。

ある哲学好きの男子学生に会ったことがある。彼は、おとなしそうな女子学生を前にして、「人間のコミュニケーションは言語だ」との説をくずさない。「そうなのかしら。たとえば身ぶりとか……」と女子学生は言いかけるが、その発言は、「そんなものは、言語からみれば、些細な付け足しに過ぎない」と、一瞬のうちに否定される。それでも、女子学生は納得がいかない顔をする。すると、哲学好きの男子学生は、次第にいらだって机をたたき、「言語のみがコミュニケーションを支える」という説を展開する。女子学生は、あきらめて「そうね」とうなずき、その場の会話は一段落となる。男子学生は、コミュニケーションはやはり「言語」なのだと自信を強める。そこでの会話で力をもったのは、実は「言語」ではなくて、彼が気の弱い女子学生に見せた剣幕や態度だったとは気がついていないのだ。

「伝え合い」の話題となると、一般の人びとから研究者にいたるまで、どうしても瞬時に頭が「言語」に行ってしまい、「言語」と「ことば」、そして「伝え合い」の関係が見落とされる傾向が強くなる。また、このような本で「伝え合い」の話を展開する際の媒体が、紙の上に書かれた文字「言語」であるという制約も、「言語」と「ことば」の本質的な違いを見えにくくしている。こうした厄介な問題をふまえたうえで、このあたりから、「伝え合い」の話題に移っていくことにしたい。

「伝え合い」の複雑さ

東京のある中流家庭での話である。午後の二時ごろ、新婚の若奥さんが、お姑さんと二人で部屋にいる。お姑さんが、洗濯物にアイロンをかけている若奥さんの方に顔をむけて、「今日は、暑いわねぇ」と話しかける。若奥さんは立ち上がって、柱の温度計を見に行き、

「そうですわね。今、三十五度ですもの」と言ってから、自分も急に暑さを実感したような顔で戻ってくる。

そして、夜の八時ごろ、勤め先から戻って来た若主人、すなわち自分の息子にむかって、お姑さんは、「あなたのお嫁さん、いい人だけど、ちょっと気が利かないわね」と、耳打ちする。ヤボな説明になるかもしれないが、あの時、お姑さんは「暑いから窓を開けて」と、伝えるつもりだったのだ。このように、日本の普通の日常生活では、伝えたい内容をそのまま正確に「ことば」で表現するというよりは、環境を読みこんだうえで自分の「ことば」をそれに添えるといった傾向が強い。

さらに、こんな例はどうだろう。

ある水曜日の午前十時ごろ、普通のサラリーマンなら会社で仕事をしている時間に、ピクニックの格好をした父親が、幼い子どもの手を引いてマンションから現れる。建物を出るとすぐ、近くでゴミを捨ててきたばかりの隣家の奥さんと顔をあわせる。その奥さんは、ピクニック姿の父子を見るなり、やや声を明るく高めて笑顔で、「あら、おはよう。天気がよくて、何よりですね」という。すると父親は、少し気恥ずかしそうな表情で、声の調子をやや低めて、「イヤー、会社が休みなもんですから」と、頭を掻きながら言う。

この光景を見て、「言語」にばかり注目する人は、「日本語はおかしい。第一、会社が休みだから、天気がよいわけではないでしょう。日本語は非論理的です」と主張する。

しかし、それこそが妙な指摘ではないだろうか。第一、その主張は、現場の「伝え合い」から、「言語」の部分を引きぬき、それをつなげるだけですべてを説明しているのである。その奥さんは、いつもとは異なったいでたちの隣家の主人を前にして、子どもさんを連れてピクニックに行けるなんてうらやましい。そのうえに天気もよい。そういうことを見こんで会話をはじめているのである。一方、隣家の主人の方は、本来ならば仕事中の時間なのだが、今日はサボっているのではなくて、会社が休みなので大丈夫だと言い訳をしているのである。さらに、いつものサラリーマンの服装とは違って、やや若者風の服装で表に出てきて気恥ずかしいという気持ちをもふくめて話しているかもしれない。父子がいるその場の状況、服装や態度、相手に関しての知識から推測できることなどの諸背景が、その場の「伝え合い」のほとんどを占めているのだ。

「あなた方は何をしているのですか」、「ピクニックです」、「それはどこに行くのですか」、「イロハ公園に」、「それにしても今日は平日ではありませんか」、「そうなのですが、運よく会社が休みなものですから」、といった会話例は、「言語」としては整然としているように見えても、もし、現実の日常生活で耳にしたならば、かなりの違和感を生じるはずだ。

ホンネとタテマエ──人間は分裂気味

動物行動学的に見ると、もう一つ、珍しい行動が人間には見られる。

ネコの例をあげよう。飼い主の膝の上に座りこんで、のどを撫でてもらって気持ちがよくなっているネコがいるとしよう。そのネコは、のどをゴロゴロと鳴らし、目も、耳も、体の格好も、尻尾も、すべてが喜びを表現している。嬉しそうにのどを鳴らしているのに、目は怒りに燃え、尻尾をピンと立てているなどということはない。

イヌを見てみよう。見慣れない人物を見つけて、大声で吠えたてる。目は怒りに燃え、体の格好も怒りを露わにし、その人物との間隔までが怒りの距離となっている。歯をむき出し、大声で吠えながら、尻尾はうれしそうにふっているなどということはない。すなわち、動物たちは、伝える内容に即して、身体の各部、相手との距離など、すべてが一致して同じ意味を表しているのである。

ところが、人間の場合は異なる。会社で上司に「明日も、残業をして下さい」などと言われると、「はい、喜んで」と口では言いながら、顔はこわばり、腕や脚は明らかに拒否の動きを示す。口で表現していることと、顔や腕、肩、脚などの表現していることが異なっているのがむしろ普通なのである。のんきな人ならば、自分は喜んで残業すると言ったのだから、相手もそのように受けとってくれただろうと思うかも知れない。しかし、実際は違う。上司はその社員の「ことば」以外が伝えていることを見逃さない。

このように、口で言っていることと身体で表現していることが異なるといった現象は、「日常の失敗」とも呼ばれるものである。タテマエとホンネとの分裂は、他の動物には見られない人間のコミュニケーションの特徴ともされている。

「伝え合い」の七つの要素

現場での「伝え合い」には、さまざまな要素が関与している。身ぶりや服装が物を言い、化粧も何かを語りかける。相手の家柄や社会的地位が、無言の圧力をかけてくるかも知れない。「伝え合い」に影響を与える諸要素の具体例をあげていけば、たちまち数百種類におよぶだろう。「伝え合い」を考える際に、それら一つひとつを考慮に入れていけば、話題が煩雑になりすぎ、収拾がつかなくなる。

そこで、わたしはそれらを体系的に整理したうえで、「伝え合い」を支えるものとして、およそ次の「七つの要素」があげられると考えた。もっとも、整理の仕方が異なれば、この要素が六つであっても、八つであってもかまわない。要は、それらが「伝え合い」をとらえるのに最適の視点を提供しており、かつ、「伝え合い」に関係するすべての要素をうまくまとめているものであればよいのである。その場合、それらの要素は、いかなる「伝え合い」を語るにも、常に必要十分なものでなければならない。場合によって、さらに別の要素を加えなければならないとか、不要なものが入っているので要素の一部を排除することがあってはならない。

以下に、「伝え合い」をとらえる上で必要十分なものとして、わたしが提唱してきた「七要素」をあげてみたい。

❶ことば（言語、パラランゲージ〈声の表情、個人的癖、など〉、脈絡、評価）
❷身体の動き（動き、静止状態、視線など）
❸当人の特徴（外観、性格づけ、身体特徴、装いなど）
❹社会的背景（社会構造上、社会組織上の地位）
❺空間（距離、方向、スペースなど）と時間（時刻、所要時間など）
❻その場の環境（与えられた環境、演出された環境）
❼生理的な反応（直接的、間接的）

これらの要素の個々の内容については、以降で説明することになるが、ここで、きわめて重要なこととして、次の点をあげておきたい。

1　すべての「伝え合い」は、本来、一回かぎりのものである。そして、その「伝え合い」で交わされる意味もまた、そこに参加している当人たち、その時、その場などに対応した一回かぎりのものである。

2 「伝え合い」を支える諸要素は、現場では互いに溶けあって作用しており、一要素のみで自立して存在することはありえない。要素同士の境界も明確に示せるものでない。

3 個々の要素は、独立したテーマとしても扱えるが、たとえば❷の「身体の動き」をテーマとした場合、その話題には残りの❶、❸、❹、❺、❻、❼の諸要素との関連性がふくまれねばならない。つまり、「身体の動き」をテーマとすることで言えるのは、身体の動きが「伝え合い」の一例において、「どのような割合」で「どのような役割」を果たしているかということであって、「身体の動き」を扱うだけでその場の「伝え合い」のすべてを語ることができるわけではない。

4 ここに示す七要素は、「伝え合い」における重要度の順にあげているわけではない。個々の要素が、「伝え合い」で占める重要性は、例によって異なる。ここで「ことば」を筆頭にあげているのは、従来、「ことば」は「伝え合い」の話題では中心的に扱われてきたものであり、かつ、この本では「伝え合い」の話題の展開を映像や音声を使わずに、「ことば」の一部である「言語」に頼らねばならないからである。

第三章

「伝え合い」をとらえる——コード・メディア・メッセージ

あるスパイの話

日常生活における「伝え合い」をめぐっては、この半世紀ほどの間に数多くの研究がなされてきた。その中で、特に重要な話題となってきたのが、「ノンバーバル・コミュニケーション（non-verbal communication　非言語コミュニケーション）」と呼ばれる分野である。この種の研究の中では、説明を効果的にするために、真実にしては出来すぎた話を、時として例にあげることがある。

第二次大戦中、よく訓練された日本軍のスパイが中国の一地方に潜入していた。ある時、その男が路上で捕まり、警察で不審尋問を受けることになった。そのあたりでは見慣れない顔なので、日本軍のスパイではないかと怪しまれたのである。しかし、男の中国語の会話力、出身地に関する知識、その土地に来るまでの経歴、その他いかなる面でも疑いなく中国人だと判断された。

そこで警察は、「疑って悪かった。あなたは本物の中国人だ」と謝罪をし、机の上に顔の汗を拭くための手ぬぐいを出した。ところが、男がその手ぬぐいを使ったとたん、警官の表情がさっと変わり、「お前は日本軍のスパイだ！」と叫んだ。その土地の人間ならば、顔の汗を拭く場合、手ぬぐいは動かさず、顔の方を上下左右に動かすはずだ、というのである。男は、顔は動かさないままで、日本人がするように手の方を動かして汗をぬぐった。スパイ学校で、そこまでは習わなかったのだ。ふとした動作が、命取りになってしまったのである。

この話には付け足しがある。中国で四人組騒動が終わってからのことだが、非常に真面目な中国人の先生が私の職場に赴任してきた。「中国のある地方では、手を動かさずに顔を動かして汗を拭くというのは本当ですか」と私がその先生に尋ねると、「我が国では、今は、どのように顔を拭いてもいいのです」と、大真面目な顔で答が返ってきた。あれは冗談だったのか、本気だったのか……。「伝え合い」の話題になると、今でも思い出すウソのような本当の話である。

同じく、第二次大戦中の話である。ヨーロッパでは、イギリスとイタリアが激しく戦っていた。ある時、イタリア軍の将校が、イギリス軍に捕まった。イギリス軍の陣地に捕虜として連行されたその将校は、日夜、厳しい尋問を受けた。その後、戦局が変わり、将校はイタリア軍に救い出され、無事にイタリア軍の陣営に戻った。「君は何か重要なことを白状したかね」と、本部の上官に尋ねられたが、「私は一切、我が軍に関する情報は洩らしませんでした」と、その将校は答えた。「さすがに我がイタリア軍が誇る将校だ」と、上官が褒めた。すると将校は、「本当は尋問がきつくて、何もかも白状したかったのですが、なにしろ私は椅子に厳重に縛られていたので手が自由に動かず、話ができなかったのです」と言った。

この話の説明はヤボであるが、イタリア人は車の運転中でも、ハンドルから両手を離して、大げさな身ぶり手ぶりを伴わないと会話ができないことを思い出してほしい。

ノンバーバル・コミュニケーション研究の問題

ノンバーバル・コミュニケーション研究は、「人間はことばだけで伝え合っている」とする説を否定することから出発した。確かに、「ことば」の話者当人が何者であるかを示さず、当人の姿や装いも相手に見せず、相手との距離もなく、相手との人間関係のあり方も示さず、出会った現場での脈絡もなく、ただ単に「ことば」だけがその場で行き交う、などということはありえない。

こうしたノンバーバルな要素への着眼は正しいものであったが、その後の研究には、いくつかの問題が見られる。その一つが、研究者の多くが、こぞって「ノンバーバル」の一部の要素のみ――たとえば、顔の表情や身ぶりなど――を自立したものとして研究し、かつ、その一要素をもって「伝え合い」の全体を語ったことである。

一例をあげれば、ある社会を対象として、身ぶりの型とそれが伝える意味を明らかにし、それをもって、そういう身ぶりさえすれば常にその意味が伝わる、とするような論の進め方である。しかし、当然のことであるが、現場での伝え合いにおいては、身ぶり以外にも実に様々な要素が関わっており、その身ぶりが常に同じ意味を伝えるとは限らない。この点では、ノンバーバル・コミュニケーション研究は、言語研究と同様の問題に陥ったとも言えよう。現実の伝え合いは、「ことば」と「ことば以外の要素」が溶けあってなされている複雑なものであり、一要素だけをとらえてその全体を語ることはできない。

また、ノンバーバル・コミュニケーション研究の中で、「ノンバーバルとは何か」ということは明確ではない。ノンバーバル・コミュニケーション研究の主要な対象とされるのは、身ぶりや顔の表情、空間、時間などの諸要素であるが、さらに、そこにパラランゲージ——性別特徴、年齢特徴、情動、個人的な癖、強弱、スピードなど。これらはパラランゲージ（paralanguage　周辺言語）と呼ばれる——をふくめるかをめぐっては、混乱が見られる。その原因の一つは、「ことば」と「言語」の区別が充分に配慮されてこなかったことである。

「ノンバーバル（non-verbal　非言語）」とは、文字通り、「伝え合い」における「言語」以外の要素を指している。これまでに触れたように、「言語」とは、現実に話されている「ことば」から、話者の声の部分を捨て去り、言語音声の種類のみを文字や音声記号でとらえることによってえられた、一種の「標本」である。このことをふまえて考えれば、現実の「ことば」が発せられる際、話者の声に見られる諸特徴（パラランゲージ）は、「言語」以外の要素であるから、ノンバーバルの領域に入ると考えることができるだろう。

「意味」の意味

「伝え合い」とは、二人以上の人間が、現場で「意味」を交わし合うことである。そこでは様々な要素が同時に展開しているが、それらが伝達する「意味」について少しばかり考えてみたい。

「意味」という語がもつ背景は、広大で複雑怪奇である。事物の価値判断、有用か否かという場合の意味、日常的な所作が与える意味、あらためて何事かに見出す意味など、一つひとつ数えてゆけばキリがない。こうした「意味の意味」を中心的な課題とする言語学の研究でも、言語の具体的な部品（単語、句、文、など）がもつ意味、脈絡による意味（例「ネコの〝手〟も借りたい」「〝目鼻〟をつける」といった文脈での「手」や「目鼻」の意味）、比喩や象徴としての意味、翻訳で見出される意味など、主なものをあげるだけでも、数ページを必要とするだろう。そこで、本書で用いる「意味」という語の意味を、簡単に整理しておくことにしたい。便宜上、この種の話題で一般的に用いられる「コード

(code)」、「メッセージ（message)」、「メディア（media)」という用語を借りることにする。

「伝え合い」のモデル

現場での「伝え合い」は、それを支えるきわめて多数の要素と、それらの複雑な絡まりあいから成立している。人と人との「伝え合い」を理解していくためには、その中に現れるいくつかの要素についての知識をもっていることが便利である。まず、そのためにきわめて単純な「伝え合い」のモデルを作り、それを図示してみよう。

枠の中は共通の文化に属していることを示し、それは人物A、B両者が共通の生活基盤に立っていることを表している。その共通基盤を「コード」と一応、名づけておこう。すると、人物Aは、きわめて多数の細部からなるコードの中から、さしあたってその場での「伝え合い」に必要とされているものを無意識に、または意識して選択（コード化）し、それを人物Bに渡す。すると人物Bは、やはり人物Aと共通のコードをもっているので、与えられたコードを読みとる（コードを解く）ことができ、人物Aが伝えようとしていることを理解することができるのだ。

そして、そのときに渡される意味が「メッセージ」と呼ばれるものである。メッセージは必ず、何か別の乗り物に乗らなければ、人物Aの外側には出て行かないという条件に縛

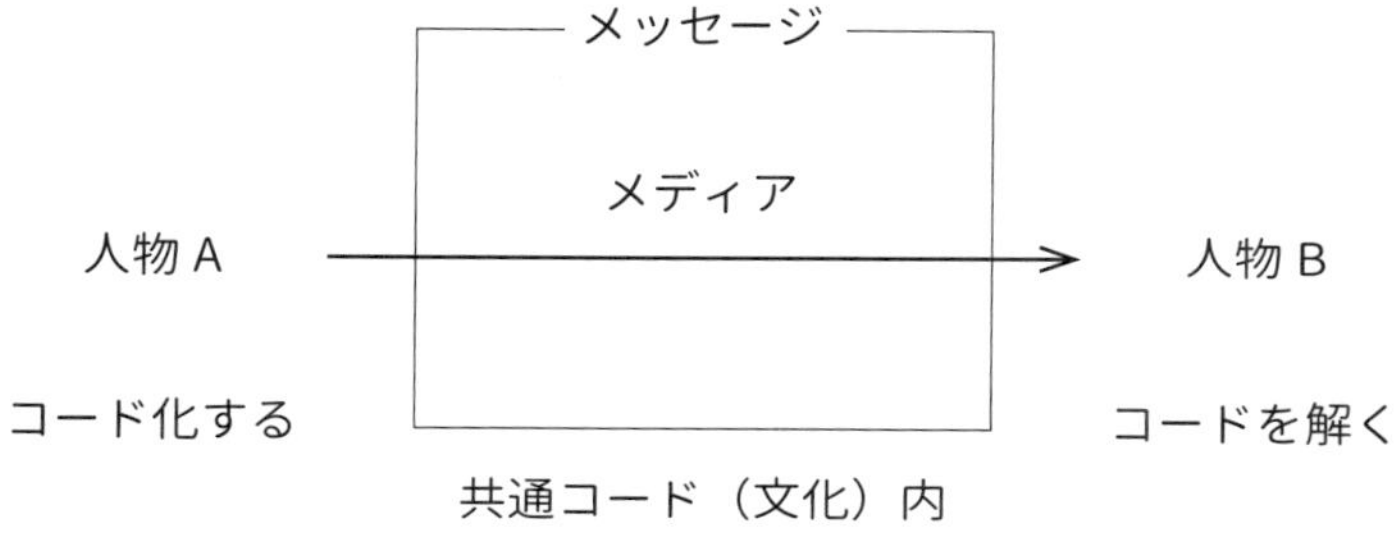

※矢印は同時に、BからAにも向かっている。

られているものでもある。たとえば、「ことば」なら声という乗り物に、ジェスチャーならば身体の動きに、顔の表情ならば目や口元の動き、顔色といったようなものに乗らないと実現することが不可能である。そのようなメッセージの乗り物を、ここでは「メディア」と呼ぼう（また、「伝え合い」が行われているということは、同時に人物Bの矢印が、人物Aに向けられているということでもある）。

ここで断っておきたいのは、このモデルは「伝え合い」の基本的要素を知るために有効なものであって、現実にはこのような単純なことはありえない。奇跡的に二人の生活基盤がまったく同じという状況があったとして、日常の挨拶一つを例にとってみても、相手はそれを素直に文字通りの挨拶としてはとらないことが多いものである。

その最大の理由は、このような単純なモデルをそのまま使ったとしても、人物Aの送るメッセージは

「ことば」だけによるとか、ジェスチャーだけによるというような一つの要素だけによって送られるものではないからだ。顔で笑って心で泣いてとか、悪態をついていながら全身は親しみにあふれてとかいった状況はまったく普通のことであり、それを人物Bは全面的に読みとっているのである。

ところで、「情報（information）」と「メッセージ」との違いには注意が必要である。なぜならば、「情報」とは本来、数や量に関係するものだからであり、伝えられる内容の質は問題とはならない。「情報」とは、一つ、二つ、三つとか、または、一分間、二分間というかたちで量的に把握されるものであって、重要であるとか、たいしたことはないとか、ナンセンスであるとか、面白い、つまらないといった、価値の基準でとらえられるものではないのである。

そのため、現場での「伝え合い」の話題においては、具体的に交換される「その場、一回かぎりの内容をもった意味の実例」を、「メッセージ」という語で呼ぶ方がふさわしいようだ。

《コード》

コードとは、複数（多くの場合は多数）の人間が共有する共通基盤であり、非常に多種多様な「意味単位」と、それらの「組み立て規則」の集まりとしてとらえられる。このコードの考え方――対象を、それを支える要素と、要素の組み合わせの規則から考える――は、一般的な所作、食行動、装い、性行動など、何にでも適用可能だ。本の中ではそれらの例を動画で示すことはできないので、「言語」を使って示すことにする。

「わたしの・本・この・よ・だ・わ（は）」といった日本語で認められる意味要素（単語）があるとしよう。この場合、正しい日本語の単語を使うからといって、「だ・よ・わ・本・この・わたしの」などと言っても通じない。「この本は、わたしのだよ」とか、「わたしのだよ、この本は」ならば、日本語として違和感はない。すなわち、物事を行なうには「順序」がある。これらの要素やその組み合わせの順序は、自然の摂理によるものというより、長い歴史を通じて、個々の社会が人為的に創りあげてきた文化的なものである。それは個々の人間にとっては、後天的に獲得する行動様式と言ってもよい。

次に、「この本は、わたしのだよ」という発言にふくまれる複数の要素には、「伝え合い」の当事者たちにとっての時間、空間、人間関係などを基準とした「バリエーション」が見出されることに気がつく。たとえば、「この」には、当人から見た空間を基準にして、「その」、「あの」というバリエーションがある。「わたしの」には、当人から見た人間関係を基準にして「あなたの」、「彼の、彼女の」など、「だ」には、出来事が起こった時間の順を基準にして「だった」がある。話者は必要に応じて、それらの中から何かを選択するのである。

行動面での一例をあげれば、路上で知人に出会った際に、挨拶もなしにいきなり何かを話し始め、その途中でふいにヒョイと別れのお辞儀をして、また突然、笑いだす、などということは普通ではない。通常は、まず相手がいることを認める、挨拶する、話し始める、話の内容で笑う、そして挨拶する、別れるといった順序がある。また、お辞儀の代わりに握手をする、片手を上にあげる、といったようなバリエーションもあるだろう。こうした行動の順序や選択を間違えれば、その場の「伝え合い」での内容がどのようなものであるかにかかわらず、その人物に対する評価に大きな影響を及ぼすこととなってしまう。

なお、いずれの社会にも、こうした行動や思考における共通基盤が見られる。それらの主なものをあげれば、言語コード、宗教コード、道徳コード、政治経済コード、神話コードなどとなるだろう。たとえば、ある集団内の人びとが、同じ言語を話し、同じ宗教の教徒としての自覚をもち、同じ世界観をもち、同じ道徳に頼って生活し、同じ政治経済観にしたがって生計を立て、自分たちは同じ祖先を起源とする者同士であると信じている、としたならば、そこでは「伝え合い」を支える意味の「根拠」が一致しているので、コミュニケーションは非常に円滑に行くことになる。

言うまでもなく、現実はそのように単純ではない。それよりも注意すべきは、現在の世界では、ある集団内で全員が同じ言語を話していても、言語以外の諸コードに関してはきわめて多様化してきているということである。たとえば、宗教に関しては、無関心な者から熱心な信者までが混在しており、信じる宗教も様々である。また、きわめて異質の道徳観、政治経済イデオロギーをもつ者たちが隣り合わせに暮らしている。こうした状況では、互いの理解を支える諸コードがチグハグなので、話し手が「ことば」にこめる意味と、聞き手がその「ことば」から受けとる意味に、ズレが生じてしまうことも少なくない。まさに、「ことば通じて意味通ぜず」という事態が日常となったのが、現代の世界であると言えよう。

《メッセージ》

コードが、ある社会における人びとの共通基盤であるのに対し、メッセージは、その場で交換される「具体的な意味」の一例である。メッセージは、基本的には、その時、その場、そこにいる当人のみにしか関係しない「一回かぎり」の意味である。コード面に見られる意味は一定の安定性をもつが、メッセージとしての意味は、文字通りに不安定なものである。コードとしては単なる朝の挨拶にすぎない「おはよう」も、それがメッセージとして発される場面では、時間や環境、その「ことば」を発する人の言い方や服装から始まって、当人たちがもつ宗教コード、経済コードなどからの影響をも受けている。つまり、「コードとしての意味」と「メッセージとしての意味」との違いは、前者が、現場での文脈を一切抜きにしたものであるのに対し、後者は、種々の脈絡が否応なしに入りこんでくる現場での意味なのである。

たとえば、東京の下宿に何年ぶりかで地方から友人が訪ねてくる。留守中だったので、友人は「明日、また来ます」という文をドアにはさんで残して行く。その場合、残していった文を「コード」としての意味でとらえるならば、友人は永遠に来ないことになる。なぜなら、いつまで経っても明日は明日であるからだ。しかしそれを、現場での文脈をふまえて「メッセージ」としてとらえることで、受けとった側は、その当日を基点として内容を判断する。二日後にその文を見つけたならば、その「明日」は昨日だったと理解するのだ。

《メディア》

メディア、すなわちメッセージの「乗り物」は、通常、メッセージの内容とは特定の関わりをもたない。たとえば、音声を利用する「ことば」は、舌や歯や声帯などをメディアとし、手まねきは、腕や手や指をメディアとする。メディアの話題には別の章でふれることにしたいが、五感に訴えることができるならば、「伝え合い」においては原理的にはいかなるものでも利用できるということを指摘しておきたい。

ただし、嗅覚や味覚で感じとらねばならないもののメディア化は、困難である。なぜなら、コードの基本となる個々の意味単位の間の区切りが明確にならない、個々の意味単位を組み立てる場合に時間がかかる、などの理由で、視覚、聴覚を利用するメディアに比べると、効果的ではないという弱点があるからだ。

たとえば、甘い味が「わたし」、辛い味が「あなた」、酸っぱい味が「彼」などと味覚に訴える意味単位を設定したとしてみよう。それらの意味単位を組み立てて何かを伝えることは、たとえ短い文章でもややっかいである。なぜなら、いくつかの意味単位をつづけて味わったら、それぞれの単位がまじりあって、区切りがわからなくなってしまう。そうでなければ、それぞれの意味単位を用いる際に、それぞれの味がまじり合わないように、ある程度の時間をおかなければならないことになる。

また、触覚に訴えるもののメディア化に関しては、点字の例に見るように有効な場合もあるが、相手の身体に直接触れるようなものの利用は「他者の体に勝手に触れてはならない」という宗教観、道徳観をもつ社会では難しい。

コードとしての意味、メッセージとしての意味

従来のノンバーバル・コミュニケーション研究がとりくんできたことは、一定の意味と型をもつ文化的行動の見本集を作ることであった。たとえば、日本の社会では、相手に向かって上半身を少し前に倒すという動作は、挨拶（お辞儀）という意味をもつ、といった

具合である。これは、言語における辞書と同じようなもので、非言語的要素がコード面ではどのような意味をもつかを知るためには役に立つ。しかし、その種の多くの研究が犯した誤りは、コードとしての意味が、様々な文脈が影響するメッセージにおいても実現するとした点である。「ことば」を例にとれば、人は辞書に出ているようなコード面での意味をもつ単語を駆使して、「ことば」を話す。しかし、その「ことば」がコード面での意味そのままにメッセージとして受けとられることは普通はない。「空気を読む」というのは、言語以外の様々な要素に充分な気配りができているかどうかだと言うこともできよう。

「伝え合い」で利用される多様な要素を具体的にあげていけば、その数は簡単に数百種類を超すだろう。さらに、一つのメッセージに働くそれらの諸要素の関係は、「1+1=2」というより、「1+1=?」といったものである。すなわち、個々の要素を単に足しただけでなく、それらが混じりあって働くことで新しい意味が生まれることも普通である。

こうしたことを踏まえたうえで、対面的コミュニケーションを考えると、必要かつ充分な要素が何かを整理していった結果、私は前章で述べた「七つの要素」にたどりついたのである。具体的な個々の要素——たとえば、視線、身ぶり手ぶり、髪型や化粧、衣服や香水など——は、基本となる七つの要素のいずれかの下位区分に属すものか、または二つ以上の要素にまたがって属しているものと考えることができる。

この種の話題には常につきまとう問題がある。「一回かぎり」であるメッセージの意味を問うことはできないのではないか、という疑問である。それは、疑問というよりは当然のことである。しかしここでの目的は、「一回かぎり」の出来事の意味を、一つひとつ「答え」として知ろうというのではない。「一回かぎり」の出来事の意味、つまり「メッセージとしての意味をより充分な形で理解するためには、どのようなことに注目すればよいか」ということなのである。

「ことば」の下位要素

前章で、「伝え合いの七要素」の諸項目（ことば、身体の動き、当人の特徴、社会的背景、空間と時間、その場の環境、生理的な反応）のみを簡単に示した。次に、その中で最も話題にあがることが多い、

（1）ことば
（2）身体の動き

について話を進めたい。

まず、ことばについては、以下のような四種類の下位要素があげられる。

1　ことば

- ❶言語
- ❷パラランゲージ
- ❸脈絡
- ❹評価

すなわち、ある人物が発した「ことば」を考えるうえでは、それが日本語という「言語」であること、そして「パラランゲージ」がふくまれていることをあげることができる。パラランゲージ（言語に付随するもの）は、話者の声の音色やスピードや癖などであり、そこには話者の属性や情動などがこめられている。さらに、その発話を考えるには、「伝え合い」に関わる当人たちの人間関係、季節や時刻、公的な場か否かといった場の種類、話題に関する知識といった様々な「脈絡」や、その発話の内容に対する受け手の「評価」などを考えることも必要だ。

なお、ある発話の裏の意味のようなものは、これらの基本要素のさらに一歩先にあるものとなる。また、くりかえすが、「ことば」を話題にする場合に、これらの四つの要素だけを考えればよいというわけではない。先に指摘したように、現実の伝え合いで「ことば」と分かちがたく働いている残りの六要素の働きを同時に考えに入れる必要がある。

「身体の動き」の下位要素

次に「身体の動き」は、ノンバーバル・コミュニケーションの研究領域の中で、最も多く話題にあがるテーマである。ただ、「身体の動き」の具体例はあまりにも多様なので、ここではとりあえず、その基本的な枠組みと注意すべき点を示すことにしたい。

2

- 身体の動き
  - 動き
    - ❶意識せずに見せる身体反応としての動き
    - ❷後天的に身につける文化的な動き
      - a言語を補足する説明的な動き
      - bジェスチャー
      - cその他の動き
  - 静止（姿勢、姿態）
  - 視線

❶の身体反応としての動きは、基本的には人類全体に共通する。たとえば、ナイフで襲われた時にとっさに浮かぶ恐怖の表情といった、相手側に対する反応や、落ち着かない状

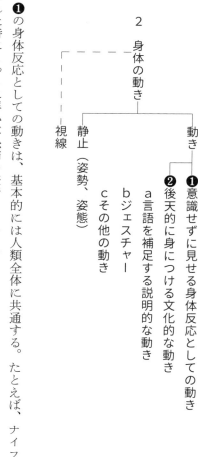

況の時に見せる貧乏ゆすりのような、当人の心理的な状態から出る動きがあげられる。この種の動きは、意識してそうするというより、自然とそうしてしまうという動きでもある。

❷の文化的な動きというものは、当人が生まれた時代、生まれ育った土地という背景の中で、知らず知らずのうちに身についた身体の動きである。日本での例をあげれば、相手が表現したことに納得がいく場合には頭を上下に動かしてうなずく、誰かに会えばお辞儀をして挨拶する、といったようなもので、その多くは「体が自然にそうなってしまう」としか思えないほど、身に染みこんでしまっている。

それ以外は、必要に応じて意識的に作りだす動きである。そうした動きは、まず顔の表情、視線、それから腕と肩、手と指、腰から下、などでなされる。

身ぶりは世界で通じる、などと言う人がいるが、それは誤りである。中にはうまく通じるものもあるだろうが、身ぶりの多くは文化的な習慣であるから、その文化を知らないかぎり、誤解を生むことにもなりかねない。たとえば、日本では人が出会えばお辞儀をする。しかし、ある土地の人びとにとっては、日本人の「お辞儀」という挨拶は、「この国には変わった習慣がある。人びとが出会うと、突然、頭を下げて、地面の上に何かが落ちているのではないかと探し始める」などと誤解されるかもしれないのだ。

馬鹿馬鹿しい話だと思うかもしれないが、世界は広い。自分の文化で当然のことが、他者から見れば不思議であったり、誤解を生じるものであったりすることは往々にしてある。

いくつか、面白い例を紹介してみたい。

身体の動きの型と、それが示す意味の文化差

ニューギニアの一地域での日常的な対人行動をあげてみよう。その土地の男たちは、わずか一昔前まで、日本の感覚から見れば全裸の生活者であった。ただ、ペニスには三〇センチほどの長さのヒョウタン（時には六〇センチ、あるいはそれ以上の長さのヒョウタンをつけた猛者もいる）で作った筒を被せ、そのペニスケースを腹部から上方に向けて、見事に突っ立てている。彼らは、仲間同士での会話中、その内容が非常に面白いか楽しいものであった時には、手のひらを裏に返し、そのケースを指の爪でカタカタと打ち鳴らしながら、「ワッハッハ」と笑うのだ。その場に居合わせた日本の人ならば、彼らの話の内容にではなくて、その動作で笑い出すに違いない。

また、手の指が作る形は、世界の多くの地域で具体的な意味を表す。ある土地では人前で示して支障がない意味をもつものも、別の土地ではきわめて卑猥な意味をもつ。

たとえば、相手の目の前に握りこぶしを示す。その人差指と中指の間から、親指の頭が少し出るようにして突き出す。まず、その握りこぶしは一般的には生殖器を表す。ある社会では、男性が人差し指と中指の間から親指を突き出せば、その親指は男根を指す（日本

もその一例である）。それが表現する意味は、相手が女性ならば、性的な侮辱であるか、性的な欲求である。また、その握りこぶしを女陰とする土地では、女性がその握りこぶしを示せば、悪霊の目がそちらの方に向いてしまうので、本人は助かるとする。それを男根とする土地では、男が指で作る擬似的な勃起の形が悪霊を脅して追い払うとする。男が男にその握りこぶしを示す別の土地では、まったく別の意味となる。それは相手の性的能力をあえて問うことと関係し、「お前は、こうはならないだろう。まったく役に立たない奴だ」といった意味になる。もちろん、この握りこぶしが特定の意味をもたない地域もある。

言うまでもなく、明確な意味をもつこの種の動作は、言語における単語と同様のもので、社会によってそれぞれ定められている意味を「知らなければ分からない」という類のものである。たとえば、人差し指で自分の鼻先を指し、次いで、左手は何かをもっている格好をし、右手を上下に素早く動かしながら何かを口に運ぶ動作をする。「自分」を示すには人差し指で鼻先を指し、食事には茶碗と箸をもつ日本人同士ならば、その一連の動作は「何かを食べたい」という意味になるだろう。しかし、世界のある地域では、「なぜ、指先と鼻が関係するのだろう。鼻が糸巻きをしながら、その糸を口に入れているのはなぜだろう」などと誤解するかもしれない。

「言語」を補足する説明的な動きとしては、たとえば、「こんなに大きい」と「ことば」で言いながら、両手を精一杯広げるといったような動作がある。この種の動きは、大体において言語が表す意味にそった形をとっているので比較的分かりやすい。だが、あえて特定の事物の形を「ことば」を使わずに作る動作、すなわち「ジェスチャー」は、文化的に一定の型と意味をもつという点では単語に近いものであり、文化を異にする者には理解し難い例がきわめて多い。

姿勢と視線

実は、身体の動きで意外に大きな意味をもつのは、動きがゼロの状態、つまり静止した身体である。英語では、ジェスチャーに対して、静止した身体のあり方を指して「ポスチャー（posture）」という語が用いられている。それは「姿勢」、「姿態」とも言えるものであるが、共通文化をもつ人びとの中で、一人だけが一般的ではない姿勢を保つことは、いかなる動きの例よりも深い意味を生じさせる。動いている状態の場合は、ある動きが誇張されていても、評価は単なる大げさな動作だということですんでしまう。ところが、ある場所で誰かが他の人びととはまったく異なる姿勢を保ち続けるならば、それは周囲の者たちに不快感や、時には恐怖感すら与えるものとなる。たとえば、教室でみんなが真剣に教師の話を聞いているときに、一人だけ、机の上に頬杖をつき、足をだらしなく広げて座っていれば、たとえ本人にそうした気持ちがなかったとしても、その人物は不真面目であると評価されることになるだろう。

動きと静止との境目にあるような動き、すなわち微妙な動きは、さらに複雑な意味を与える。その代表的な例が「視線」である。視線を、具体的な視力と勘違いする人がいるが、そうではない。視線とは、他者と何らかのコミュニケーション状態にある中で、お互いに相手の目から感じとるある種の注目と言えよう。

静止した視線、移動する視線がもつ意味の重要性は、はるか昔から語られていた。その多くは、視線を何らかの形で宗教的な意味と結びつけるものが多かった。それは魔力、呪力などの語で語られ、目からは特殊な力が実際に出るものとして考えられていた。そのおかげで、科学が一挙に進歩した二十世紀初頭には、視線のもつ意味について語ることは非科学的であるとして、コミュニケーションの研究においては敬遠されるようになってしまった。学問は自然科学的であるべきだとする研究者の多くは、視線について語らなくなったのである。

しかし二十世紀の半ばになると、視線は、宗教的な話題としてではなく、動物行動学での「刷り込み」（動物が、生涯を決定されることになる外界との絆を、自分の身辺にいる動物の動きに接することによって生後まもなく刻印されること）の研究や、新生児の成長とその後の人間関係に関わる研究をはじめ、様々な分野での行動研究、社会研究などで注目を浴び、その重要性が再確認されるようになっている。

第四章

「伝え合い」における「制約」

「伝え合い」には常に「制約」がともなう

人間の行動はすべて複雑だ。この「複雑」という語には大別して二つの種類がある。一つは、多色の糸で編んだ一着のセーターのように、複雑な色模様をしているが、それを解きほぐしていけば一本一本個別の糸として成り立つというようなものである。もう一つは、様々な種類の酒をあわせたカクテルのように、溶けあって元に戻すことができないというものである。

先に述べたように、現場における人間同士の「伝え合い」は、「ことば」だけ、または「身体の動き」だけでは成り立たない。わたしは、その現実のあり方を構成する七つの要素（ことば、身体の動き、当人の特徴、社会的背景、空間と時間、その場の環境、生理的な反応）をあげた。そして実際の「伝え合い」の例では、これらの要素は個別に作用しているのではなくて、むしろ、すべてがカクテルのように溶けあったものとしてのみ実現されている、と考えてきたのである。

本章では、これらの諸要素に関する説明をいったん控え、「伝え合い」につきまとう逃れがたい「制約」について触れてみたい。というのも、「伝え合い」の話題では、各要素をとりあげるたびに、「では、ひとはそれでいったいどこまで表現することができるのだろう」という問いが発せられるからである。

人は、「表現の可能性」ということに関しては、その領域のすべてを知りたいと思う。その一方で、「表現の限界」というものについては、積極的には関わりたいとは思わないのが常なのだ。しかし、「可能性」と「限界」は物事の裏表である。つまり、「どれだけできるか」を問うことは、「どこからはできないか」を問うことと同じなのである。「伝え合い」を形成する一要素である「言語」表現に関しても同様だ。人は「言語」でどこまで表現が可能だろうか。そして、そこにはどのような制約があるのだろうか。

言うまでもないが、個々の人間が用いているのは、その表現領域のごく一部である。もし、人間は言語でどこまで表現が可能か、その限界を算出してみせることができたとしても、出された数字は信じがたいほどの桁数になるはずだ。実際には、言語での表現は無限に可能であると言った方がよいかもしれない。

たとえば五・七・五というきわめて少ない文字数の制約がある俳句ですら、これで打ち止めという話を聞いたことがない。ましてや、人間が行なっている現場での伝え合いは、言語とそれ以外の多数の要素との同時的な展開で成り立つのであるから、その領域には果てがない。

「伝え合い」を枠づける「制約」とは何か

「制約」として第一に考えねばならないのは、表現をするのは「人体」である、ということだ。

たとえば、もし人間の目玉が頭の後ろについていて、右腕は左腕の二倍の長さがあるとしたならば、すべてのコミュニケーションのあり方は、私たちが行なっている「伝え合い」とは、まったく異なるものとなるだろう。同様に、体内の部品に話題を移せば、脳の大きさが現在のものと異なっていれば、それが把握する世界のあり方も、今の人間のものとは大きく異なっているに違いない。さらに、その種の人びとが、私たち同様、「文化」と呼べるようなものをもっていたとしたならば、家屋も車も机も椅子も、あるいは社会組織や制度のあり方などもすべて、現在の人間には想像もつかないような形をとっているに違いない。

文化とは、自らの希望や欲望にしたがって、人間が皮膚の外側に張りめぐらした蜘蛛の網のようなものである。当然のことながら、そうした文化は人間に対応したものであり、基本的には人体とその機能の拡張物に過ぎない。社会組織と呼ばれるような抽象的な物も、田畑や都市や身のまわりの道具のような具体的な物も、すべては人体を基準にして作られている。

人体の造りを基盤にして、人間が行っている「伝え合い」を見てみよう。

そこから見える制約の一例は、人が「ことば」で表現していることと、顔の表情や、腕、手、指、胴体、脚などで表現していることとの間に、意外に大きなズレが見られることにある。そして多くの場合、「ことば」を発している口以外の部分で表現していることは、我知らずに出てしまっているホンネである。それは日常生活では、ごく普通に見られる「失敗」とも言える。そして、本人は気づいていないのに、相手はそれを目ざとく見ているものである。

人体を基本とし、そのうえに課せられる幾種類かの「制約」によって、通常の「伝え合い」においては、与え手が伝えようとする意味と、受け手がとる意味が文字通りに正確に一致するということはありえない。伝えようとすることに真剣であればあるほど、その困難さは容易に理解できるはずである。

人間は、非常に特別な場でも設定しない限り、通常は互いに相手が示している表現を正確に理解することはない。これに関しては、二種類の反応が見られる。その一例は、「人間が互いに本当のことが分かりあえないなんて、寂しすぎてイヤだ」というタイプだ。そして第二の例は「人間なんて適当なものだから、あまり深く考えないで、何を表現しても大した問題ではない」とするタイプである。いずれの反応を見せるかは、その人の個性の問題であるが、相手の言わんとすることを正確に理解するということは、よいことばかりとはかぎらない。むしろ、当人にとっては、精神的にかなりの負担となるはずだ。実は、相手の表現していることを自分の側から適度に解釈しているからこそ、「伝え合い」が保たれているのである。

「伝え合い」に働く制約の種類

現場での「伝え合い」に働く制約には、どのようなものがあるだろうか。ここに、主な例をあげてみよう。これらの制約も、個別に働くものではなく同時に展開されるものである。

1　対象の把握についての制約

まず人間は、自分から肉体的にも精神的にも遠い事物に関しては、ほぼ正確に感じとり、かつ思った通りに表現することができる。その一方で、自分の身に近くなればなるほど、その表現は曖昧になる、という身体基盤をもっている。

ある人物が、指先をドアにはさんでしまったとしよう。その人は、痛みの場所も正確につかめるし、痛さ加減を正確に他者に伝えることも可能である。指先の爪の怪我ぐらい、人間にとって最も重要な「生命」から見れば、大したことではないからである。

しかし、命にかかわるような重要なことが内臓や脳に起こった場合には、当人ですらその部分を正確に把握することはできないし、正確に他者に伝えることもできない。脳腫瘍になった患者が、病院に行って医者に向かい、自分の頭の一部を正確に指差して「ここに腫瘍ができたようです」と告げることは不可能だ。ある種の内臓疾患の場合には、患者は嘘をついているわけではないのだが、損傷を受けている患部とは別の場所を示して、その痛みを表現することも普通である。

このことは、抽象的な話題を伝える場合も同じである。たとえば、「イタリア人というのは、どんな人びとなんだろう」という問いを出すと、そのような話題が自分の世界から遠い人ならば、「イタリア人は陽気なんです」と、何のこだわりもなく言えるだろう。ところが、イタリアを研究している日本人に同じ質問をすれば、「うーん」となって、それから長々と難しい話をし始めるだろう。さらに、それをイタリア人の知識人に尋ねれば、その人は「さぁ」と言って、「イタリア人といっても、いろいろな人がいますよ」と表現をぼかすだろうし、イタリア人で長年にわたってイタリアを研究している専門家に聞けば「そんなことは、よく分かりません」と答えるに違いない。

すなわち、自分が生きがいとしている課題から遠ければ遠いほど、人は嘘をついているというつもりもなく、ある程度の自信すらもって答えを出すことができる。それは、当人の存在理由を脅かすほどの意味をもたないことに過ぎないからである。

赤の他人のプライバシーに関しては、身を乗り出して自信たっぷりに喋りまくる人も、当人にとって重要な意味をもつプライバシーに関しては、口をつぐんでしまうというのも、同様の例だ。日本での例をあげれば、当人または親族の誰かが犯した犯罪や、自分の性的な体験などについての話題は、普通の場合は他人の前で正確に披露してみせることではない。

人は自分がよく分からないようなことならば、分かっている気になって簡単に答えられる。しかし、そのことが当人にとって非常に身近な問題となって、その内容に関する知識が豊富になればなるほど、または秘密にしておきたいことがあればあるほど、無意識であっても、そのことを思うがままに表現することはできなくなるのだ。

2　意味単位の基本的形態による制約

先に示したように、人間の伝え合いは、持って生まれた人体が可能とする限りにおいて、という制約を受けている。それを駆使して無限とも言える表現をしているのだが、その人体を構成している顔、目、腕などの各部品は、その一つひとつがそれなりの意味をもつ形態であると言える。

若い女性がテーブルの上に乗せた手だけを見ても、その手の形、爪の形、爪に塗ってあるマニキュア、そのようなものが様々なことを相手に伝える。男性のヘアスタイルだけで、多くの国の社会では、そこから様々なことを読みとることができる。そこには、より正確に言えば二種類の意味が見てとれるだろう。素材そのものがもつ意味と、そこに施されている装い（たとえば爪の切り方、マニキュアの色や塗り方など）がもつ意味、すなわち文化的な意味である。単に腕をふりあげる動作でも、その腕の太さやスピードが、その人物に関する様々な意味を伝えてくる。

実際の場面での意味形態は、目の前で動いたり絶え間なく変化したりするものが多いため、静止状態の図形や文字による説明で、そこから受ける「制約」を示すことは難しい。そこでやはり、文字で示すことができ、視覚的にも要点がつかみやすい「言語」の例で示してみたい。

すでに何回か話していることであるが、ここで再度念を押しておきたいのは、「制約」があるから言語表現には限界がある、ということではない。ある土地の人間が言語で表現できることは、他のいかなる文化に属す者が話す言語であっても表現可能なのだ。

ここで扱うのは、ある時代、ある特定の地域、集団に属す人びとが、当人たちの話す言語の部品（単語や語句など）が課す制約のために、多くの場合、ある種の表現を無意識のうちに避けている、ということである。すなわち今からあげる例は、その言語の話者が「通常はそうしている」ことであって、その内容が表現できない、ということではない。

ある会場で椅子がいくつか足りないので、「隣の部屋から椅子を持ってきてください」

「友だち」を意味するスペイン語

amig-o	男性形・単数（男一人のみ）
amig-a	女性形・単数（女一人のみ）
amig-os	男性形・複数（男二人以上、男女二人以上）
amig-as	女性形・複数（女二人以上）

と頼んだとしよう。そのとき、英語ならば「椅子」は「chairs」と「-s」をつけて複数形にしなければならない。この場合、日本語では単数形と複数形の区別をつけない。しかし、だから意味が曖昧だというのではない。普通の日本語では「いくつかの椅子を持ってきてください」とは言わない。「椅子を」と言うだけで充分であり、その方が自然である。

目で見て分かりやすい例を、スペイン語からあげてみよう。スペイン語には、文法形式上の性（ジェンダー）がある。それは、男性形（単数：複数）、女性形（単数：複数）の四種類の形で表現される。たとえば、「友だち」という単語は、基本的には上のようになる。

カトリック教徒が圧倒的に多いスペインの中流家庭では、男女の関係についての道徳が厳しい。世間の目も気にしなければならない。たとえば、十二、三歳の男の子と女の子が二人きりでデートするなど、普通の家庭では許されない。もし、そのようなことをしたいと思った男の子がいたら、母親にそれを伝える場合には、やや困ったことが起こるだろう。

日本語ならば、「明日、友だちと……」などと言ってごまかすことが可能なのだが、スペイン語では、その相手とどこかに行きたいということを正確に言おうとすると、その「友だち」が男の子一人であるのか、女の子一人であるのか、あるいは複数なら相手は女の子ばかりなのか、男の子ばかりなのか、男の子と女の子が混ざっているのかを表現しなければならない。それぞれ、単語の形が異なっているからである。また、その友人の名を母親に尋ねられたら、その子がマリーア・ロドリゲスというような名であった場合、スペイン語では苗字の「ロドリゲス」を使うことはしない。名前の「マリーア」を使わなければ妙である。そこで「マリーアと」と言えば、それが女の子であることは一瞬のうちに分かってしまう。

一方、日本語ならば「花子さんと」などと言わずに、苗字を使って「山田君と」とか言ってごまかせる。「山田君なんかと」とさえ言える。しかし、スペイン語では支障がない別の表現をなんとか探し出しても、会話が続いて「その子は」と言うようなことになれば、「彼女＝ella」を使わざるをえない。日本語ならば、「その子は」という表現を何回も使って違和感はないし、「友だちは」とか言い逃れるのは簡単だ。

スペイン語には、このような文法上の制約があるため、出かける相手についてごまかすことが難しい。結局、スペイン人の男の子は別の口実でデートに出かけることになる。

くどいようだが、出かける相手をごまかそうとする表現がスペイン語ではできないと言うのではない。別の単語や文を探し出して言い換えたりすれば表現は可能なのだ。ただし、その種の表現は、スペイン語を母語とする者から見たならば、非常に不自然なものになってしまうだろう、ということである。

日本には「サラリーマン小説」と呼ばれるジャンルの小説がある。その中では、朝帰りの会社員が、妻に向かって「いやあ、昨日の夜は会社の奴にとことんつきあわされちゃってねー」などと言って情事を隠す場面が見られる。しかし、この種のセリフは、他の多くの言語で書かれた小説では使えない。

3　形式の選択上の制約

ここで言う形式とは「スタイル（style）」の意味である。

いかなる社会でも、ある種の内容を表現するために使える例が、一種類だけということはない。たとえば、日本語でならば、他人を自分の近くに呼びたい場合には、「ここに来い」、「こっちに来てよ」、「こちらに来てください」、「こちらにいらしてください」などと、何種類もの言い方がある。また、同じ文でも、声の調子などの使いわけで、優しい誘いから高圧的な命令まで、その「ことば」には何種類もの言い方がある。それに身体の動きが加われば、手まねきをしながら言うこともあるし、あごをしゃくりあげて命令調に言うこともある。もちろん、動作、視線だけでもその表現は可能だ。

ある言語では、相手に特別な感情をもっているわけでもないのに、男が女性を呼びよせる場合、その人の方を向いて、「こちらに来てくれるなんて、なんと愛らしい」などと言う。別の社会では、呼びよせる人物の方を向いて、わざと「誰か来ませんか」などと言う。このように、同じ表現にも様々なスタイルがあるということは、相手の種類や、その場の脈絡、雰囲気などに応じて、いずれかの例を選ばなければならないという制約があることになる。

ある問題に関して、仲間同士で荒々しい言葉のやりとりで論じあっていた人びとが、そこに姿を現した上司から「何をしているんですか」と問われると、瞬間的に「実は、仕事の時間のことで話しあっていたのです」などと、先ほどの迫力はまるで嘘のように大人しくなってしまうことがある。社会的な人間関係が課す「選択に関する制約」の一例である。

形式（スタイル）の選択は、他人にプラスのイメージを与えることもあるし、その逆もある。社会人としての生活では、形式の選択は、自分のホンネを隠すために選ばれることも多い。たとえば、強い怒りを感じていても、それを「ことば」や表情に直接的に表すのではなくて、感情を抑えた態度をとるなどの配慮が必要な場合がある。「伝え合い」には、このようなスタイルの選択が避けがたいものなのである。

4　社会的なわきまえという制約

普通の生活の中で「人前では表現しないこと」が非常に多いことに気づく人は、意外に少ない。といっても、会社での仕事中に突然、卑猥なことを口走ったり、暴力や盗みなど犯罪的なふるまいをする、というような過激な例は、ここでは問題外とする。

同じ会社で何年間も隣の席に座っている男性上司や同僚に向かって、女性社員が「奥さんはお元気ですか」とか、「最近、奥さんは何をしておいでですか」と声をかけることは、それがまったく普通の内容であっても避けられる。周囲から妙な誤解を受けるのではないかといったような思いこみが、無意識のうちに働いているからである。

服装を例にとっても、「場をわきまえる」ということは、特別な行事だけでなく、ごく日常的な場面においても心得ているのが普通なのだ。

こうした制約は、その社会に見られる道徳観から受けるものが最も大きいが、それを意識することは普通はない。当然のこととして身に染みこんでしまっているからである。

5 「評価基準の束」からの選択という制約

次にあげるのは、これまでに述べたいくつかの制約をくぐりぬけて、その場、その時、その相手という条件の中で許されるものとして実現した、実際の表現の例に関わるものである。その制約は、「人は互いに文字通りにまったく同じ意味を伝え合うことはできない」ということを、もっとも明確に示すものでもある。

たとえば、ある人物Aさんと、路上で出会った知人Bさんとの間で、「おや、いいシャツですね」、「イヤー、こんなのはよくないですよ」という会話があったとしよう。前述したすべての制約を超えて、実現したこれらの発言は、何を意味するものだろうか。

「いいシャツ」という判断基準には、値段、流行、デザイン、素材、ブランドなど、様々な観点が考えられる。実は「いいシャツですね」と発言したAは、もっぱら流行物好きだったので、流行の先端を行くシャツを身に着けているという面から見てほめたのである。ところが、言われた方のBの関心はもっぱら値段にあり、物は安ければよいと思っている。その時は、ある店に一万円で出ていたシャツが近所の別の店で七千円で売られているのを見つけて「シメた!」と思って買ったのだが、その後、駅前の店で同じ物が、なんと五千円で安売りされているのを見てしまったのだ。そのことで心に軽いダメージを受けていたので「イヤー、こんなのはよくないですよ」と悔しまぎれに言ってしまったのかもしれない。

すなわち、すべての「伝え合い」の実例は、幾種類かの価値評価基準の「束」を背景にもっている。そして、個々の例は、その中のある一側面に重点をおいて、与える側によって表現される。また、それを受ける側の者も、同じように自分の選択根拠にしたがって、意味を受けとるのだ。そこで意味の与え手と受け手の間にズレが生じるのも、当然のことである。

【与え手】A →
「いいシャツですね」

流行
デザイン
ブランド
値段
素材
個人的な好み
などなど

→【受け手】B

表現の与え手と受け手の両者は、評価基準の束の中から、各々が持つ異なった価値観によって一部を選び、それに合わせて表現の実際例をつくる。

このズレを避けようとして、あることについての会話が始まった途端、「あなたはどの観点から、その話題を出しているのか」と、いちいち相手を問い詰めていけば、その「伝え合い」は、すぐにでも崩壊することになるだろう。

評価基準という点に関しては、手まねきをするとか目くばせをするとかのように、表現される意味の幅が狭い「身体の動き」などより、「ことば」の場合の方が非常に複雑なものになる。

なお、「伝え合い」が異文化の社会から来た人物との間でなされる場合は、文化的な習慣、個人的な趣味、等々の違いから、同じ表現に与えられる評価基準のズレが大きくなることは、容易に推測できるであろう。

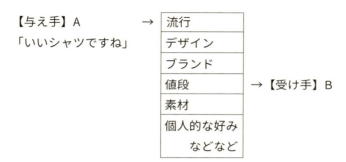

6　意図しない表現による「失敗」という制約

制約は、さらに次のようなことによっても、「伝え合い」を行なう者の表現を操作することになる。

日常生活では、人は気づかないうちに、いくつもの誤りを相手に伝えてしまっている。ある人物Cと、ある事柄について話しあったとする。その二、三日後に、別の人物Dに出会った時、「あなたはどうして、Cさんにあんなことを言ったの」などと、思いもよらないことを言われたという経験は、多くの人がもっているに違いない。

また、ある人物（Eとしよう）との「伝え合い」を前にして、たとえば「Eさんの前では、○○のことだけは触れないように」と注意されると、かえってそのことが気になって、その単語を口にしてしまうということも、しばしば経験することである。

人は、わずかの間の「伝え合い」のうちにも、「ことば」や「表情」などで、当人が意図していなかったことを表現してしまっている。そして、そのような「日常的な失敗」は、避けることができないものである。

7　外部からの邪魔という制約

人は、背景がまったく存在しない真空状態のような場で「伝え合い」を行うことはない。たとえば路上であれば、会話中に車が近づいて来て、「伝え合い」を一時中断しなければならなくなる。ちょうど話が佳境に入ったところで、ひょっこり別の知人を見つけて話題がそれてしまう。別の用事を急に思い出して、相手と別れなければならなくなる。突然、雨が降り出す。現場での「伝え合い」は、常に外部からの邪魔にさらされている。思っているようには「伝え合い」は進まないのが現実なのである。

日常での「伝え合い」は、こうした制約を無意識のうちにやり過ごしたり、手際よく利用したりすることで成り立っている。

すべての「伝え合い」は、以上のような幾層もの「制約」をくぐりぬけながら初めて実現すると言えよう。

次章では「伝え合い」の諸要素のうちでも非常に大きな役割を果たしている「その場の環境」、「空間」の問題について、とりあげたい。

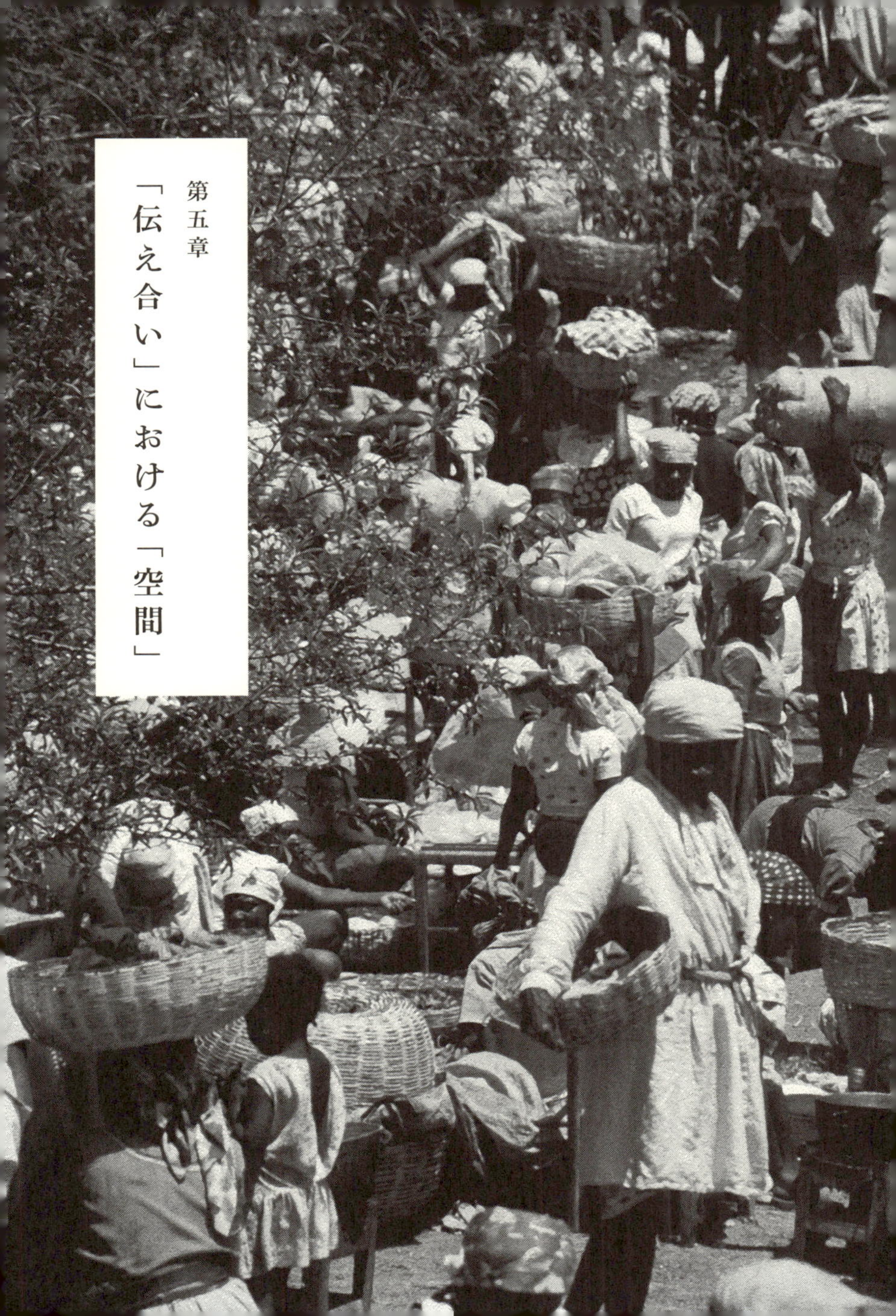

第五章
「伝え合い」における「空間」

人間がもつ「文化の檻」

人間の行為のあり方は、すべてその時、その場での一回かぎりのものである。たとえば、同じ「お辞儀」という挨拶でも、腰を曲げる角度、頭の下げ方、手の置き場所など、人により、場合によって異なっている。厳密に言えば、同じ人物が立て続けに数回お辞儀をしたとしても、すべての面において寸分違わぬお辞儀はできない。また、一回目では普通のお辞儀と受けとった相手も、それが何回も立て続けに行なわれれば、「この人、大丈夫だろうか」などと考えることになり、相手に与える印象は異なったものとなる。

しかし、視点を変えれば「同じ集団に属する人びとは、この場合には、おおむねこのような行動をとる」というパターンを、ある程度共有していると考えることができる。もちろん、いかなる集団の中にも、周囲の人びととは異なった行動をとる者がいる。とはいえ、同じ集団内の大多数の者は、共通の「事」に反応し、それに応じた行動をする強い「傾向」があるということは確かである。これが「文化」というものなのである。わたしは、かつて吉行淳之介氏との対談をまとめた本に『サルの檻、ヒトの檻』という題名をつけたが、それは、わたし達の意識的および無意識的な行動の多くを規定している「文化」というものを、抜け出そうとしても抜けきれない「檻」になぞらえたのである。

すべての人間は、人類という同じ種類の動物である。しかし、この地上では集団が異なれば、同じ事でも、それをどのような行動を通して伝えるかには、大きな違いが見られる。つまり、それぞれの集団が入っている「文化の檻」が異なるわけである。さらに、同じ集団でも、時代が異なれば、同じ意味を伝えるためにとる行動に違いが見られることが普通である。

日本の場合、ほんの少し前までは、挨拶一つするのにも、自分はどういった立場にいるのか、相手は何者なのか、相手と自分との関係はどのようなものなのか、といったことを自然にわきまえて、軽い会釈から深々と腰を曲げるお辞儀、さらには土下座にいたるまで、相手とある程度離れた位置に身を置いて、相手に対して自分の上半身を下げるといった行動をとるのが一般的であった。身についた文化は、そう簡単には変えられない。その証拠に、携帯電話で話しながら、「それでは、どうも失礼いたしました」などといった会話の終わりの挨拶と共に、見えない相手に向かってお辞儀をしている人の姿を、今でもしばしば見かける。

近年、欧米式の挨拶が見慣れたものとなり、日本でも多くの人びとが、自分から積極的には行わないとしても、求められれば握手を返すことに違和感をもたないようになってきた。ただ、握手という欧米式の挨拶を身につけたつもりでも、日本のお辞儀の習慣を捨てられない人びとも少なくない。特に政治家などによく見られるのだが、海外からのお偉方を迎える場面で、相手にお辞儀をしながら、同時に握手もしようとする人がいる。見ていると、まず自分の頭が相手にぶつからない距離でお辞儀をし、ほぼ同時に、やおら相手に一歩接近して握手を求める。相手に向かって唐突にぐっと一歩踏みこむことになるのだ。欧米の政治家の中には、日本に来ると、自国ではまず体験したことのないような、ただならぬ対人距離の急な縮まりにギョッとしたという感想を口にする人が少なくない。こうしたことは、普段はあまり気がつかないことだろうが、テレビのニュースなどでそうした映像を目にすれば、なるほど、と思う場面に出会うだろう。

様々な挨拶行動

日本では知人と行きあえば、相手とある程度の距離を置いてお辞儀をする。欧米では人びとは互いに握手を交わす。すなわち、欧米人は互いに相手の体の一部と触れあう。しかし、肌が触れあうと言っても、文化が違えば、その触れあい方は様々である。

抱擁をする、頬にキスするなどといった行為は、世界の多くの地域で見られるが、かつてオセアニアの一部には、私たちの考えるようなキスではなくて、鼻と鼻とをすりあわせる「嗅ぎキッス」なるものが見られた。さらには、同じように相手の体の一部に触れるにしても、日本人にとっては奇想天外に思える挨拶もある。たとえば、世界の中には、知人同士が行きあえば、相手の男性の陰嚢をそっと握るという挨拶をする集団がいる。母親が大人の息子の陰嚢を握り、そこから上に向けてペニスを撫でる例は、ニューギニアの幾ヶ所かで見られる挨拶行動の一種である。ただ、このような例をあげると、ニューギニアと言えばすべてその挨拶をすると思いこんでしまう人がいるので、同じ国の他の地域では、一定の距離内に近づくとお互いに目と目をあわせる、手と手を握りあうといったような、日本と同様の挨拶行動も見られることを付け加えておかねばならない。

挨拶行動としてのお辞儀や握手は、私たちの集団内では普通の行為であり、逆に、それをしなければ相手に対して失礼だということにもなる。ところでここにあげた「タマ握り」のような例をもし日本で行ったとすれば、その行為者は単なる変人ではすまされない。その挨拶を受けた者は、単なる違和感を通り越して、うろたえてしまったりする。場合によっては、犯罪行為とされかねないだろう。

ところで、文化の違いということを話題にすると、必ずと言ってよいほど、世界のいかなる文化も尊重されるべきだと意見が返ってくる。しかし、このような文化はどうだろうか。現在の世界情勢から見れば、「いかなる文化も尊重すべき」というタテマエに反して、「正しくない」という意識のもとに、異端、野蛮とされ、姿を消してしまう運命にあるのではないだろうか。

時代による文化の変化

文化の違いについては、時代による変化ということも見落とせない。日本に侍がいた時代には、殿様が目の前を通ったならば、庶民は殿様から一定の距離をおいた場所で土下座したものであった。「殿様万歳！」などと叫んで、殿様の前で飛び跳ねて小躍りでもしたならば、それがいかに尊敬と親愛の念から出た行動であったとしても、問答無用で手打ちにされかねなかった。

しかし、同じ日本でも、現在は首相が目の前を通るからといって土下座する者はいない。それどころか、カメラ機能がついた携帯電話をとりだして、至近距離から写真を撮り始める者すらいる。礼儀を欠いた行為であるにもかかわらず、周辺の人びとが「無礼だ！」といって騒ぎ出すなどということはない。すなわち、同じ集団でも、時代によって、人間の行動のあり方には驚くほどの違いが見出されるのである。

人間の行動は、空間的にも時間的にも多様性をもつとともに、ダイナミックに変化する。それは同時に、不安定であるとも言えるものである。現代においては、異文化は常に接触しあい、かつてないほどの勢いで変貌を遂げているが、その行方が、欧米社会の文化を基準とする方向に一斉に向かっているのは少々寂しい。

ドリトル先生に憧れた少年時代

子供のころ、わたしは身のまわりに暮らすネコやスズメや蝶の動きに憧れた。何とかして、彼らと同じになれないかと、幼いなりに彼らの行動を観察し、真似し、一人で修業を積んだものだった。本も好きだったので、虫や野鳥や獣に関する本も、手当たり次第に読んだ。理科の本のように整然とした解説が並ぶものよりは、ファーブルの昆虫記のように個々の生き物の暮らしぶりが分かるものが好きだった。さらにいえば、ヒュー・ロフティングの描く「ドリトル先生」シリーズのような、個々の動物たちがそれぞれの個性をもっているものに心惹かれた。自分も、何とかしてドリトル先生のように、動物たちと自由に会話ができるようになりたいと願ったものである。

E・R・バローズの人気シリーズ、ターザンの物語では、ターザンはジャングルの正義の味方、百獣の王であり、一声叫ぶだけでジャングル中の動物たちと意思疎通が成り立つ。しかし、ターザンの場合、動物たちはターザンの呼びかけに一方的に従うというパターンなのである。その点、ラドヤード・キプリングの『ジャングル・ブック』では、主人公のモーグリは、様々な動物たちと心が入ったコミュニケーションをもつ。わたしの好みは、ターザンより、むしろモーグリだった。

物語の中の動物たちの行動は、人間の側から見たものに過ぎない。わたしもそのことに気づく年齢になり、高校に入る頃からは、様々な種類の動物の側から見た世界に関心をもつようになった。そのうちに、エソロジー（比較動物行動学）という学問があることを知り、自然の状態で生活する動物の行動を扱った本に手を伸ばすようになった。

J・フォン・ユクスキュルが唱えた生物の「環境世界（Umwelt）」の概念は、様々な種類の動物たちが独自にもつ世界について、わたしの目を開かせてくれた。K・Z・ローレンツ、N・ティンベルヘンといった名を知り、後には、I・アイブル＝アイベスフェルト、E・T・ホール、E・ゴッフマン、M・L・ナップのような、人間を主な観察対象とする学者の研究に目を通す機会も増えた。また、D・モリスのように、一般の読者を対象とした「人間のエソロジー」の話に親しんでいくと、わたしの「伝え合い」への興味は、彼らから大きな影響を受けるようになった。

高校生の頃、各々の種類の動物の側から見た世界が、自分の見ている世界とは異なるということが少しは分かるようになったと同時に、自分はどう頑張ってもネコやスズメや蝶には追いつけない、所詮は人間でしかない、といった絶望感のようなものに囚われたことがあった。

やがて、わたしの関心は、自分と同じ種類の動物である人間の方に移って行った。そして、人類と呼ばれる動物の、地域ごとに見られる多様性と、時代の流れの中での変わり身の速さに改めて驚いた。言うなれば、人間の「文化」というものの面白さを、自分なりに発見したのである。ただ、後になっても、他の動物がそれぞれの世界をもつのと同様に、所詮、人間は人間という動物であり、自らが創りあげた「文化の檻」の中でしか生きられないのだという思いは、心の中にずっと残っていた。

「空間」が語るもの

現在は東京に暮らすわたしだが、年に何度かは京都に行く。古都の神社仏閣に特に興味があるわけではない。京都の風物にはまるで縁がない話題についての話し合いに出席するためである。その京都での自由時間に目に入るもので、わたしが最も興味を惹かれるのが、夕刻から夜にかけて鴨川のほとりに見られる景色である。川べりには、まるで定規で測ったかのように、きちんと等間隔で並ぶ何十組もの二人連れの姿がある。ほとんどのカップルは互いに見つめあうのでもなく、川面の方を向いて肩をよせあっている。パリのセーヌ川の岸辺でも、同様の光景を目にすることがあるが、パリでは、陽が高いうちでも二人がしっかりと抱きあっていたり、キスを交わしていたりする。しかし、カップルとカップルの間に、まるで言いあわせたように、一定の間隔が空けられているという点は、日本の例と共通である。こうして利用される「空間」は、「伝え合い」において、意外なほど多くのことを語っているのである。

また、その種の光景を見ていて気づくこともある。実際に話されている「ことば」、目の前で展開される「身体の動き」。こうしたものは実際の音として聞こえ、姿として見えるので、研究するうえでもつかみやすい。それらを文字や図形を用いて紙の上に示すことも、ある程度は可能である。そのためか、人と人との「伝え合い」に関する書物は、その内容のほとんどすべてが、音声を伴って表現される「ことば」や、目に見える「身体の動き」の話題をとりあげるだけとなってしまっている。さらに問題なのは、多くの本が、現実の場で行われている「伝え合い」が、「ことば」だけ、あるいは「動作」だけでも成立するかのように、話を展開していることである。

最近では、ノンバーバル・コミュニケーション研究にもとづくハウツー本なども少なくないが、それらを開くと、人前でこんな表情を見せたならば、こんな意味をもち、こんな効果が得られる、などといった解説がなされている。しかも、そこに添えられている写真は、ニューヨークのオフィス街を背景とした、白人のアメリカ人の写真であったりする。そうした解説には、その身体動作が実現される場の脈絡も不十分で、文化の違いも無視されている。そうしたものを、異なる文化の人が見ても、期待した効果は望めないだろう。

わたしが従来のノンバーバル・コミュニケーション研究の多くを否定するのには、いくつかの理由がある。第三章でも述べたが、その一つは、「バーバル」と「ノンバーバル」の関係をとり違えているのではないか、という点である。

「伝え合い」にはノンバーバルな部分があるという考えは、文字文化にどっぷりと漬かっている言語研究者、哲学者が、人間は言語だけで「伝え合い」を行なっているわけではないという単純な発想を、一九〇〇年代の初期になって持つにいたったことにはじまる。それは長年続いたあまりにも強い「言語」中心主義に対する見直しであった。また、その場合の「ノンバーバル」な部分、すなわち「非言語」部分というのは、もっぱら「身体の動き」のことを意味していた。

人間の伝え合いに働く言語以外の要素は、身体の動きに限らず、数多く見出すことができる。たとえば、「ことば」を支える諸要素の一部をノンバーバル（つまり非言語）の領域にふくめることも可能だ。なぜなら、従来の言語研究が対象としてきたのは、文字や発音記号によって記述された「言語」であったからである。そこには、現実の伝え合いの場面で発せられる「ことば」に伴う、話者の声の特徴や調子、当人たちの人間関係などは抜け落ちている。また、記述された「言語」では、標本として示された例は自立したものとしてあり、いかなる場合も一定の意味をもつかのように扱われる。しかし、実際に話されている「ことば」がいかなる意味をもつかは、その場や会話の脈絡が大きく影響する。

従来のノンバーバル・コミュニケーションの話題において、こうした話者の声の特徴や調子、当人たちの人間関係、個々の発話の脈絡などの諸要素が話題に上ることは少ない。しかし、これらは言語の外側で「ことば」を支える重要な要素であり、「伝え合い」におけるノンバーバルな領域に属すものと見なすこともできるのである。

人間の伝え合いでは、言語と非言語の両方が同時に働いているとするのであれば、話は少しましである。ところが研究者の中には、脇目もふらずに新しい考えに追従するという者も少なくない。たちまちのうちに、現実の伝え合いにおいては不可分に結びついているはずの言語と身体の動きが、研究面においては個別の専門領域として扱われることになってしまった。まさに、木を見て森を見ず、である。

二つ目の理由は、焦点を当てる対象の水準が明確でないことである。ここで言う水準とは、程度の良し悪しといったことではない。研究者がつかもうとしているのが、コードなのか、あるいはパフォーマンスか、といったことである。

コード研究とは、文脈を除外したうえで、個々の要素に見られる一定の形式と、それがもつ意味の探求を指す。パフォーマンス研究とは、具体的な場面における様々な脈絡の中で、それがいかなる意味をもつのか、ということを考察するものである。たとえば、従来の研究に登場する身体の動きの事例の多くは、その時、その場、当人たちがもつ諸脈絡がまったく無視されているという点では身体の動きのコードを扱うものだが、示された身体の動きの型は、いかなる場においてもパフォーマンスとして常に一定の意味をもつかのように解説されている。つまり、行なっていることは身体動作のコード研究であるにもかかわらず、意味の面においては具体的なパフォーマンスの水準にまで踏みこんだ言及がなされていることに問題がある。

わたしが関心をもつのは、「伝え合い」のパフォーマンスの水準である。それを十分にとらえるための必須の要素として、「伝え合いの七要素（ことば、身体の動き、当人の特徴、社会的背景、空間と時間、その場の環境、生理的な反応）」をあげた。そのうえで、「非言語」の部分については、具体的な「伝え合い」の中でそれらがいかなる割合を占め、いかなる役割を果たしているか、という前提に立つことが必要であるとしたのである。

「伝え合い」における「見えない要素」――プロクセミックス

ところで、「伝え合い」においてきわめて重要な役割を担うのが、「見えない要素」である。これについて、一九六〇年代半ば頃、ユニークな研究を次々に発表したのが、アメリカの文化人類学者E・T・ホールである。主に、「伝え合い」における空間の果たす役割を論じた著書『沈黙のことば（The Silent Language）』や『かくれた次元（The Hidden Dimension）』などは、「伝え合い」の「見えない要素」に対する新しい視点を提供するものであった。

ホールの議論の中心となるのは、「プロクセミックス（proxemics）」（日本語では、「近接学」などの訳語も当てられたが、最近はカナ書きが普通となった）と呼ばれるもので、個々の種類の動物に見られる空間（および時間）の使用を対象とする研究分野である（「伝え合い」における「空間」と「時間」の話題は、本来は切り離せないものであるが、時間に関しては次章に譲ることにする）。

各々の種類の動物は、その種なりの空間の使い方をしている。たとえば、種別の「棲み場（biotope）」の中を観察していると、同種の動物同士の間での空間の使い方、異なる種類の動物同士の間での空間の使い方が、それぞれに見られる。さらに、それぞれの空間の使い方に、同種内での序列、性別、成長段階（幼年期、成年期、老年期など）、時間帯（時刻、季節など）、気候などに応じた違いが見られるのである。プロクセミックスは、こうした点に注目し、種々の動物の空間の使い方のパターンを明らかにしようとするものである。

プロクセミックスの考え方の概略を野生動物での例で示すと、以下のようになる。

❶いかなる動物にも、各々の種類にそぐうものとして想定される「生活領域」が見られる。さらに、同種の動物の中で生きる各個体には、それぞれの生活領域がある。「ナワバリ」と呼ばれるものは、その一例である。

❷生活領域を共有する個体が複数いる場合、その中に序列が見られることがある。その代表例が、「つつきの順位」と呼ばれるものである。これはニワトリの習性から造られた用語で、広い囲いの中に多数のニワトリを放し、空腹の時に小箱に入れた餌を与えると、ニワトリたちは当初は我先にと餌箱に集まり、大混乱をきたす。しかし、やがて最も強いものが餌箱に近づいて餌を食べ、その後も、強いものから順に餌を食べるといった、ニワトリ同士の力関係にもとづく食べ順が習慣化して見られるようになる。これを「つつきの順位」と呼ぶ。「つつきの順位」は、人間の場合も、各種の会議や、結婚式や葬式といった儀式の場などでは、明確に見られることが多い。たとえば、会場に入る順、席順、食事に手をつける順など、すべての順序が、その場の人間関係に見られる序列を反映している。

また、個々の動物がもつ空間や互いの間の距離のとり方については、以下の1～3に示すようなものがある。

1　個々の種類の動物がもつ空間

❶安定空間……通常の生活状態が保てる空間（スペース）。

❷シンク……食糧、気候などの生活条件が充足している安定空間内で、個体数がその空間内での許容量を超え、その種の動物の生存に何らかの悪影響を及ぼすような状態。

2　異なる種類の動物の間で見られる距離のとり方

❶安定距離……通常の生活の中で保たれる距離。

❷逃走距離……異なる種類の動物、特に捕食動物が接近した場合に、自分の身を守るために逃げ始める距離。

❸臨界距離……捕食動物などにギリギリまで追い詰められて、遂に逃げ切れなくなった時に行動を起こす距離。

3　同じ種類の動物の間で見られる距離のとり方

❶安定距離……日常的に個体同士がとる距離。雄と雄、雄と雌、交尾期、子育て期などで異なる。

❷社会距離……多くの動物は、仲間同士が互いに一定の空間や距離を保つ。その領域を離れれば命の危険が迫ることを、生得的に身につけているためである。たとえば、群棲動物の中には、隣同士の個体間で特にコミュニケーションをもつわけではないが、何十匹もの個体が一団となって生活している例がある。

これらの距離のとり方は、同種の動物であっても、その時、その場の諸条件によってある程度異なる。なお、ここでの話題の中心は人間であるので、詳述することは避けるが、動物の中には、接触性動物と非接触性動物、つまり、同種の個体同士が密集・接触状態にあっても差し支えないもの（たとえば、オットセイなど）とそうでないもの（サイなど）とがいる。

わたし自身、東アフリカのサバンナに滞在していたころ、ライオンやシマウマなどの動物が保つ相手との距離が非常に正確なものであることに驚いた経験がある。早朝、ライオンたちは互いに安定した距離を保ちながら、獲物との距離を詰めてゆく。狙いをつけられた草食動物、たとえばシマウマは、ライオンが見える領域に入っていても、ある程度の距離までは動こうとしない。しかし、ライオンが逃走距離に入った途端、群れを成していたシマウマたちは一斉に逃げ始めるのである。

プロクセミックスの視点と人間の「文化」

プロクセミックスは、動物の一種である「人間」に関しても適用された。その多くは建築物の設計にプロクセミックスの見方をとり入れた実用的な研究であり、野生動物の場合の説得力を背景に置いて、話としては納得がいく発表がいくつもなされた。

当然のことであるが、野生動物を対象とする研究からえられるものは、主に野生動物の行動に関する知的な理解である。野生動物の場合、どのような場合にいかなる行動をとるかは、動物の種類ごとに、背後にある諸条件（季節、時刻、天候、雌雄、個体の成長段階など）によって一定のパターンが認められると同時に、その行動のパターンは非常に安定している。しかし、人間の場合には「文化」という問題がある。先に触れたように、いかなる人間も人類という同種の動物でありながら、集団によって、時代によって、同じ条件下での行動のパターンが多様性に富むとともに、ダイナミックな変化を伴うのである。

さらに各文化の中には、それぞれの意味を付与された生活空間――都市や村、公園などの公共施設、鉄道の駅、学校、病院、会社の事務所、個人の住宅、大通り、通路など――が存在する。つまり、人間にとっての空間は、文化的な意味の問題から切り離すことができないのである。プロクセミックスの視点を人間行動の理解に適用するには、こうした空間における人間の「文化」という問題をいかに扱うのか、といった課題がある。

人間の「棲み場」造りは一日で完成することはない。公共の施設を建てる場合、設計、公的な審査、予算会議、実行などの過程を経て、完成には数年の歳月を要することも普通である。設計のための調査の時点で、その施設を必要とする人びとの「伝え合い」のあり方を綿密に調べて計画しても、生活様式が短期間で激しく変わりえる現代においては、施設が完成する頃にはその計画が的外れなものになることも少なくない。

たとえば、北米での老人ホーム設計に見られた一例では、老人たちの日々の生活の送り方、「伝え合い」での空間利用のあり方に関して、プロクセミックスの見方をとり入れた調査が綿密に行われた。そして、その結果を極力活用した建物が造られたが、結局は、失敗に終わったと言われる。調査を行なったころの寂しい老人たちは、食事の後にはロビーに集まり、仲間同士でソファーにどっかりと腰を下ろし、自分たちの若かりし頃や別居している家族の話などを披露しあって時を過ごしていた。しかし、そうした「伝え合い」空間に関する調査結果をとり入れた建物が完成した時、最適な状態に造られているはずのロビーに老人たちは集まらなかった。理由は簡単である。個人用の小型テレビが普及し、各自が自室にテレビをもつようになったために、老人たちは食事が終わるとサッサと部屋に戻るようになってしまったのである。

また、ある幼稚園の設計では、休み時間に子どもたちが仲間といかに校庭で遊び、どのように「伝え合い」をして過ごすかを、何日もかけて調査した。そして、その結果にもとづいて校舎と遊び場を完成させたのだが、それが完成したころには子どもたちの遊び方がすっかり変化してしまい、せっかくの遊び場も有効に使われないということになってしまった。その理由は、手軽なゲーム機が普及したため、子どもたちは遊び場を走りまわるより、校舎の壁によりかかってゲームに熱中するようになってしまったからだった。

「伝え合い」と空間の関係

ホールはプロクセミックスをとり入れ、人間の「伝え合い」に見られる基本的な空間利用の枠組みについて、独自の分類を示している。それらを、わたしなりにまとめてみると次のようになる。

1　空間

❶「文化」としての「スペース」（その内部に配置されている多様な物をふくむ）
❷空間の広さ（なわばり、シンクなどをふくむ）
❸空間の中に見られる用法（つつき順などをふくむ）

2　互いの距離

＊（　）内の数字は、アメリカの中間層の成人を対象とした調査にもとづくものである。したがって、すべての文化に当てはまるものではなく、単なる一例としての意味しかもたない。

A〈個体距離〉
❶親密距離……互いにもっとも近い距離。親密な関係にある人物との距離（接触状態〜四五センチほど）。
❷個人的距離……私的な要件などが伝えられる距離。一方が手を伸ばせば簡単にさわれる距離から、互いに腕を伸ばせば指が触れ合うくらいまでの距離（四五センチ〜一・二メートルほど）。

B〈社会距離〉
❸社会距離（a）。個人的ではない用件の伝達に支障がない距離。相手にさわることが

できなくなる距離（〇・一二～二・一メートルほど）。
❹社会距離（b）。より形式ばった用件の伝達に用いられる距離。この距離をとれば、同じ場所にいても互いの間に心理的な仕切りが生まれ、別々のことをしていても支障がない（一・二～三・六メートルほど）。
C〈AおよびBの外にある距離〉
❺個人間での伝え合いは難しい。公的な機会に多くの人の前で話す時などに用いられる（三・六メートル以上）。

このような空間の存在は、人間には人体を包む皮膚の外側に、さらに「空間の皮膚」とも呼べそうなものが二重、三重に被さっている状態と表現することもできるだろう。そして、他の動物とは異なり、人間の場合、それらの「空間の皮膚」は、場の状況によって自由自在に伸縮する。たとえば、満員電車の中のような場では、「空間の皮膚」はかなり縮小される。そして同じ電車でも、空いてくれば、その領域は広がることになる。

また、それらの「空間の皮膚」の中で、「伝え合い」を行なう者たちがどのような行動をとるのかには、文化による違いが少なくない。その異なりを最も明確に見ることができるのは、親密距離内で行われる行為の場合である。その行為は異性関係に関するものが多いが、一口に親密と言っても、その親密さの表現は様々である。面白いものをあげれば、互いに毛づくろいをする（北米のネイティヴ・アメリカンの一グループであるクリー族）、女性が男性の眉毛を食いちぎる（南米パラグアイのアピナエ族）、男性が女性の眉毛や髪の毛を引っ張る（太平洋諸島のポナペ人）などが見られる。

空間利用としての「向き」と「視線」

さらに、人間の「空間」利用には、「伝え合いの七要素」や「脈絡」などとの関係の中で、切り離せない役割をもつ要素がある。それは、「身体の動き」にふくまれる「向き」と「視線」である。ある社会では、異性の親子（たとえば、母と息子）が伝え合いをする場合には、互いに向かいあうことは避けられる。息子は母と視線をあわせないようにと、顔を背けるのだ。一方、ある社会では、大人は相手の顔をちゃんと見て、視線をあわせることが礼儀とされる。

日本のような社会では、社会的な地位の序列（年齢の上下、上司と部下など）のある関係で伝え合いをする場合には、下位にいる者は相手に対して向かいあうと同時に、顔を少し下向きにし、視線を落とすのがよいとされる。ただ、異文化の人びとには、こうした視線を下向きにする日本人の習慣は、不審に思われたり、何か裏があるのではないかなどと誤解されることも多いようだ。

ところで、どこの社会にも、態度が悪いのでも、人間が悪いのでもないのに、なぜか他の人びとから敬遠されてしまう人がいる。その原因に、「伝え合い」における「空間」の問題が関与していることが少なくない。たとえば、当人は気づいていないのだが、仲間と一緒にいる時に、相手が許容できる範囲を超えた距離に無意識に身をよせて座る癖があるために、「気持ちが悪い」と思われてしまう。あるいは、仲間と話している時に顔を少し横にそらし、視線をやや斜め上にあげて話す癖があるために、「お高くとまっている」、「わたし達を見下している」、「生意気だ」といったような誤解を与えてしまうことがある。

顔の向きがわずか十五度ほど相手から外れる。視線がわずかばかり斜め上に向いている。こんなささやかなことで、当人の「伝え合い」を支える他の要素のすべてが模範的であったとしても、その場の「伝え合い」が思うようにいかない。「沈黙のことば」としての「空間」は、「ことば」や「身体の動き」以上に大きな表現力を持ちえるのである。

第六章
「伝え合い」における「時間」

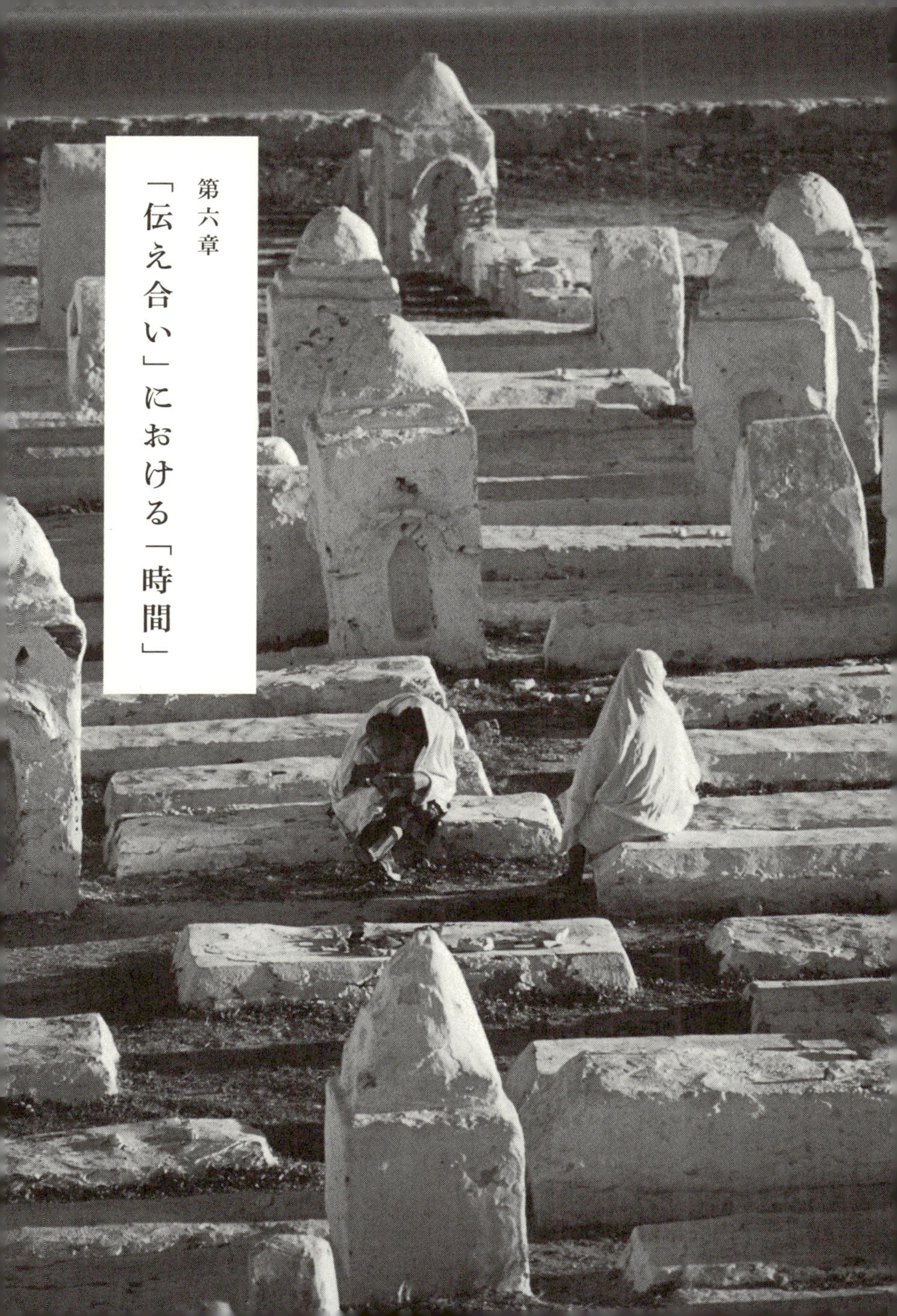

「時間」とは何か

「伝え合い」における「文化の檻」としての、前章の「空間」の話題に続け、「時間」について触れてみたい。

「時間」。それは命をもたない「物」なのか、あるいは生き物なのか。それとも人間が想像力で創り出した「事」なのか。人間にとって、時間は食ったり、つぶしたり、作ったりすることができる「物」である。また、「生き物」のように、時間はノロノロと進んだり、飛び去って行ったり、通り過ぎたりする。あるいは、期待したり、恐れたり、思い出したりする「出来事」でもある。

「時間」は、視覚や触覚などの五感を用いて、客観的にその存在を確かめることが難しい。確かに存在するはずだという人間の信念によって、時間は存在する。人間はそうして創り出した時間を使いわけ、同時に時間に使われながら生きている。

日常生活では、「時間」のとらえ方は、個々の文化によって異なる。言い換えれば、人間が「時間」をもつようになってからの長い年月、様々な人間集団の中で、その尺度も用法も様々に変貌を重ねてきたのだ。

近年、世界は想像を絶するほど急速に変化している。わずか二、三十年のうちに、同じ人びとであるとは信じられないほどの変貌を遂げた集団も多い。生活様式から道徳観にいたるまで、すべてが大きく変わってしまった例も少なくない。国を支えていた政治理念までもが一変してしまったために、ある土地で一昔前の気持ちで話題を切り出すと、その場の雰囲気が気まずいものになってしまう場合もある。

文化を支える人びとは、自らの願望に向かって現状から抜け出すことを期待している。だからこそ、他者によって自分たちの過去や現在の姿をあからさまに語られると、つい反発を感じてしまうものである。そのため特定の国名はなるべく避けたいが、わたしが過去に滞在した国々での体験談から始めることにしたい。

ある音楽会でのこと

三十年ほど前のことである。素晴らしい迫力の音楽の演奏を聞かせてくれる熱帯地方の町があった。ある日、わたしは開演が夜の八時という演奏会に誘われたが、一時間ずらして九時頃に会場に出かけてみた。その土地では、一時間の遅れなどは当たり前なのである。その時間でも少し早めではないかという思いが頭をかすめたが、とりあえず出かけてみた。

それでも、さらに開演の遅れを想定し、待ち時間に書くための葉書を数枚もって出かけた。案の定、時間になっても、演奏会が始まる気配すらない。葉書を全部書き終えても、まだ始まらない。演奏者がポツポツと集まり出し、音楽が始まったのは、結局、夜中の二時過ぎだった。六時間の遅れである。しかし、誰一人、文句を言う客はいない。そして、やおら音楽が鳴り出したら、もう止まらない。会場からあふれ出る大音量の演奏は、夜明けになっても続いた。彼らの時間の使い方は、わたしの時間感覚とは異なっているのだと思った。

それだけではない。待ち時間は別として、「音楽は時間芸術である」と教えこまれていたことが吹き飛んだ。音楽は「時間」を伴うというのは、音楽について頭の中で考え、それを眺めた場合に言えることで、実際の演奏の場で聞こえる「音」は、「時間」ではなくて「広がり」であり、「空間」なのだと実感した。

文化によって異なる「時間」のとらえ方

その一　古いか新しいか

一九六〇年の暮れ、東アフリカのある国に滞在中に、わたしはその国を縦断する試みを思いついた。そこで、町の若い役人に「この国の地図が欲しい」と言った。真面目で気立てがよい人物だった。その役人が、地図をもって来てくれた。

見ると数十年も前のもので、そこには「〜植民地」という文字が大きく印刷されている。「これは古い」と、わたしは言った。すると彼は「新しい」と言う。「古い」、「新しい」。「いや、古い」、「いや、新しい」。こんな押し問答を続けているうちに、突然、彼は「だって、たった今、買ってきたばかりの地図なんですよ」と、自分が疑われているのが気になるような表情で言った。「なるほど」と、わたしには、やっと彼の言葉の意味が分かった。彼は自分の家にあった「古い」地図ではなくて、今、買ってきたばかりの「新鮮な」(!)地図をもってきてくれたのである。その時の印象があまりにも強かったので、日本に帰国した後も、その話を機会があるたびに試してみたことがある。

目の前に、見るからに着古したポロシャツと、先月に業者が作ったばかりのような新品の鎧の絵を示す。そして、「どちらが古い物だと思いますか?」と、中学生ぐらいの年齢の子どもたちに尋ねる。すると、ほぼ全員、「鎧の方がポロシャツよりは古い」と、当然のごとく答えるのである。あちらの世界では、時間の流れは目の前の現実から判断する。しかし、日本では、頭の中の知識を先行させて判断することが無意識のうちに染みついているようである。

その二　文化による違いか時代による違いか

一九七〇年代初頭のことである。わたしが三度目のケニア滞在をしていた頃、町の片隅に、もっぱらインド映画を見せる映画館があった。そこは今では様子がすっかり変わり、欧米風の町並みを洒落た装いをした人びとが行き来する場所となってしまったが、当時はまるで装いの国際博覧会のように、多種多様な姿をした人びとが闊歩していた。

様々な肌の色が見える。多様な髪形は、立体への想像力を集団ごとに競いあっている。槍を手にして歩く男たちの姿はすでに消えかけていたが、手に棍棒、腰に蛮刀を帯びた男たちが意気揚々として歩いていた。頭に大きなターバンを巻いているインド人の姿があった。暑い日差しの中で、なぜかミンクの毛皮の襟巻きをしているヨーロッパ人の女性がいるかと思えば、頭から足先まで真っ黒な布で覆ったイスラム教徒の女たちがいた。半裸の男もいれば、ネクタイを締めて洒落た背広を着こんだ男もいた。国中の様々な部族の衣装をまとった男や女たちの姿が次々と行き過ぎた。各々の装いに身を包んだ人びとが創り出す雑踏の光景を見ていると、時間と空間を超えて、不思議な世界への旅に出たような気持ちにさえなったものだった。

そこに日本の時代劇映画が来たのである。わたしは、下宿の近くの知り合いの男女を数人誘って、そのチャンバラ映画を見に行った。その帰りがけの路上で、「イヤー、あなたの国には便利な車があるんですね」と、連れの一人が感心して言った。何のことかと思ったら、映画に出てくる駕籠《かご》であった。「あれなら、ぬかるみでも大丈夫。石ころだらけの坂も平気。ちょっとした段差なら問題ない。この国は日本からあれを輸入すべきだ」と、彼は「エイホー、エイホー」という駕籠かきのかけ声を真似しながら言った。そのかけ声は、彼の言語では「寒い、寒い」という語を連想させるので、そのことでも彼は自分の発見が嬉しそうだった。

そのうちに、連れの女性が「あの人たちは、あなたの国の何族の人なの。あの人たちのいる所は、あなたの家からどのくらい離れているの」と、わたしに尋ねた。わたしは、映画に行く前に、その内容は日本の昔の話だと説明したつもりだった。しかし、多種多様な姿の人びとが行き交うその土地から見れば、わたしの住む場所にも、チョンマゲ頭に着物姿で長い刀を差している人びとがいると考えて不思議ではない。彼らは、目の前のスクリーンに映った光景を、現在の日本の姿として見ていたのだった。

その三　心理的な意味の大小でとらえられる時間と空間

現在の世界には、文字使用が見られないという国はない。あるのは、文字を読めない人びとと文字を読める人びととが共存する社会である。そのうちの文字を読めない人びとの間では、大切な出来事は心理的に身近なことなので最近起こったと感じ、ささやかな出来事は心理的に遠いことなので遠い過去に起こったことと感じる傾向が強いようだ。一方、日本のような文字社会では、複数の出来事の新旧の判定は、人びとの心理における意味の大小ではなく、通常、それに関する文書記録などの歴史資料にもとづいて判断される。

もっとも、心理的な意味の大小をもとに「時間」をとらえるという傾向は、必ずしも文字とは縁遠い世界の人びとに限った話ではなく、文字社会の人びとにも見られる。また、同様の傾向は、「時間」だけでなく、「空間」に関しても見られる。

たとえば、東京の若者に「ロシアとアメリカとでは、どちらが日本から遠い所にあると思いますか」と問えば、意外に多くの者が、「ロシアの方がアメリカより遠い」と答える。実際は、ロシアの方が北海道の一部からならば島影が見えるほど近い。しかし、アメリカは富士山の頂上から見渡しても、影も形も見えないほど遠い。

それにもかかわらずアメリカの方が近く感じる理由は、言うまでもなく、戦後の日本の日常生活ではアメリカ文化がごく身近なものとなった一方、ロシアとはさほどの縁がなかったからである。つまり、心理的な意味合いの大きさが「時間」や「空間」の認識に反映されるという現象は、文字をもたない人びとに限ったことではなくて、人間に共通の物事のとらえ方なのである。

その四　「すぐそこ」にはご用心

空間と時間に関しては、こんなこともある。

ある土地で自分の目的地に行く道を身近にいる人に尋ねる。すると多くの場合、「そこならば、すぐそこですよ。この道をまっすぐ行けば、すぐに着きます」と、親切に教えてくれる。しかし、行けども行けども目的地には辿り着けない。「すぐ」というのは一時間も二時間もかかる場合もあるのである。

無論、土地の人びとにとっても、これは「すぐ」と感じるような距離ではない。ただ、道を尋ねた者への「親切心」が関係しているのだ。つまり、相手になるべく心理的な負担をかけないようにしようという心遣いなのである。そして、そのような心遣いが世界各地に意外に多く見られることは、わたし自身の体験から実証済みである。

その五 「未来」は神のみぞ知る

一九六〇年代、第三世界と呼ばれた地域の多くの国々が独立した。それらの国々は海外からの援助を受け、将来の計画指導を受けることになった。わたしが特に親しみを感じている国の一つに、農業の計画指導に来た某国の代表者がいた。

「いくつかの国を回ってみたのですが、聴衆の中には、わたしの講演中に雑談をしている者もいましたし、真面目に講演を聞いていない者もいました。でも、この国に来た時には驚きました。聴衆は皆、じっとわたしを見つめて熱心に講演に聞き入っている。実に立派な国に来たのだと感激しました。ところがです。後になって、とんでもないことに気づいたのです」

と彼は言って、一息ついてから話を続けた。

「彼らは熱心に聞き入っていたのではなかったのです。わたしを哀れんでいたのです。彼らにとっては、将来のことなど、神のみぞ知ることなのです。それなのに、わたしは、今年こうすれば、来年はこうなる。そして再来年は、さらに生産量が上がっていく、といった話をしているのですからね。彼らは、わたしのことを気がおかしい人物だとしか判断しなかった。可哀想な人。それが、彼らから見たわたしの姿だったのです」

「日本でも、〝来年のことを言えば鬼が笑う〟と言いますが、ここではそれが本格的だったのですね」

わたしは、彼に同情すべきなのか、その場はただ笑い飛ばせばよいのか、迷いながら言った。

その六　「モノクロニック」か「ポリクロニック」か

これも三十年ほど前のことだが、ある国で国内有数の企業の経営者に面会する約束を午前十一時にとった。わたしは時間に遅れないようにと、約束の十分前には会社に着いていた。すりガラスの向こうに、面会中の人影が見える。室内にはどうやら先客がいるらしい。十一時になった。先客はまだ動く気配がない。二十分経ち、三十分経っても、わたしの名が呼ばれる気配はない。「何をしているのだろう」という気持ちに駆られる。しばらくしてやっとドアが開き、中から面会相手が出てきた。そして、彼はわたしの姿を認めると「あれっ、そこにいたのですか」と驚いたような表情で言い、「中に入ってくれればよかったのに」と付け足した。

ところが、わたしが部屋の中に入っても、わたしの面会相手は先客との話を一向に止める様子もない。そうこうしているうちに、新たな来客の連絡が入った。「ちょっと失礼」と言って、彼は部屋を出たきり、なかなか戻って来ない。挙句の果てに、わたしは他の客たちと世間話をして、しばらく待ち時間を過ごすことになった。

思えば、その土地は「複数用件・同時片づけ（ポリクロニック polychronic）」型とも言える時間使用が当然の土地なのだ。日本やヨーロッパの場合は、用件は一つ一つ順に片づけてゆく「個別用件・順次片づけ（モノクロニック monochronic）」型とも言える社会である。確かに、わたしはその土地で、役人が複数の用件に同時に手をつけて片づけ始める姿を、幾度か目にしたことを思い出した。

「複数用件・同時片づけ」型と「個別用件・順次片づけ」型。いずれのやり方も仕事の達成に向けて動いているには違いない。確かに、効率という点から見れば、モノクロニック型の方が、物事は圧倒的に早く片づく。ただ、時間の経済性を重んじる社会では、事務優先で人間関係は疎遠になる。ポリクロニック型の場合、目的を達するのには時間がかかるが、人間づきあいの面から見れば思わぬ効果を上げている。

そんなことを考えていると、「時間」と「文化」との関係には実に興味あることが見出されるのだと、今更ながら思ったのであった。

「時間」の表し方

「時間」は文化である。人が時間を創り、時間が人を創ってきた。物理学上の問題は別として、人が実感として感じる「時間」と「空間」は、きわめて個人的なものでもあるとともに、時代や土地によって異なる形で制度化されている。

ここでの話題の中心は「時間」であるが、暦や時計の上で示す「〜の季節」とか「〜時」という「刻《とき》」の名称についても触れてみたい。

その種のものも、言うまでもなく明らかに文化的なものである。乾季と雨季しかない土地に春夏秋冬はない。子《ね》の刻《こく》、丑三《うしみ》つ時《どき》などと表現する場合と、一時五分とか、五時半などと表現する場合とでは、連続体として流れる「刻」の切り分け方が異なるのである。

現在では、世界のほとんどの土地で、時刻は二十四時間、六十分、六十秒制となっている。そうした時間制度を使いながらも、既存の文化を残している例をあげてみよう。

東アフリカのスワヒリ語地域では、日本と同じ時計を使いながら、時間は「数字を六だけ足すか引くかして」表現する。たとえば、ケニアの沿岸部に滞在してる際に、時計を見たら午後二時だったとする。その時、人に「今、何時ですか」と尋ねられたならば「今、八時です」と答えるのだ。午前午後を混同するようであれば、午前か午後かを付け加えればよい。これを時差の問題と勘違いしてはいけない。そもそも、自分の国にいるのに、他国との時差を考える必要はない。

この妙な習慣ができた背景は簡単だ。ヨーロッパから時計が入って来る以前から、その土地には夜明け（およそ午前六時頃）を一日の始まりとする時刻の表現形式が存在した。そこに異国から時計という物が入ってきたのだが、伝統的な時間の呼称はそのまま残されたのである。つまり、夜明けから一時間過ぎたころ、すなわち時計の「七時」の表示を見ながら、それを「一時」と呼んだのである。分、秒は変わらない。そこで、「午後三時五分」ならば、「今、九時五分です」、「十一時二十分」ならば、「今、五時二十分です」と言うのである。「こんな面倒なことはやめて、時計の数字をそのまま読んだらどうですか」と、わたしはしばしば言ってみたが、そのたびに「我々の習慣ですから」の一言で、個人的な戯言《たわごと》として聞き流されただけだった。

待ち合わせは難しい？

一段と面倒な例をあげてみよう。「明日の午後一時に、映画館の前で会いましょう」と、わたしたちが日本で表現することをスワヒリ語で言われた場合、もし、その人物の母語がスワヒリ語ではなくて彼自身の部族語であったならば、少々厄介なことが起こる。彼の母語からの影響が、共通語であるスワヒリ語で話す場合にも出てくるからである。まず、午後の一時を彼は「七時」と言うことは予測できる。その次が問題なのである。

約束をした時にいた場所から見て、明日会おうとする場所が通りを二本越えた所にある映画館だとする。その映画館は、わたし達がいる方に向かって立っている。日本語での考え方では、「映画館の前」というのは、その建物の正面側、すなわち、わたしたちに近い方の側である。待ちあわせの場所は、映画館の向こう側、すなわち建物の背後ではない。しかし、その人物の言語では、「何かの前」というのは、自分から見て「前方」なのである。したがって、日本語で「映画館の前」と言うのは、彼の言語では「映画館の後ろ側」となるのだ。

別の例で説明しよう。日本語の場合ならば、「わたし（という拠点）の目の前に机がある。その机の後ろに椅子がある。その椅子の後ろに壁がある。その壁の後ろに別の部屋がある」と表される状況がある。しかし、その話者の言語では、「わたしの前に机が、その前に椅子が、その前に壁が、その壁の前に別の部屋がある」ととらえるのである。

問題はそれだけではない。その言語での未来形は、「確定形」ではなくて「不確定形」なのである。約束の時間通りに待っていても、その人物は現れないかもしれない。彼は

「確かに来る」と言ってはいなかった。「来ることがあるかもしれない」と言ったのである。嘘をついたわけではない。たとえば、当人は来るつもりだったのに、神が来させなかったのかも知れない。「なぜ、必ず来い、と言い足さなかったのか」と、責任は待ちぼうけを食わされた方にあるとされかねない。

「時間」はいかに流れるか

時間を示す表現について見れば、「言語」の文法面では「時間」と「空間」を同じ形式(form)の意味単位(たとえば単語)で表す言語も少なくない。身近なところでは、フランス語の関係副詞である「où」は、「〜した所の(先行詞は場所)」にも「〜した時(先行詞は時間)」にも使われる。同様に、東アフリカのスワヒリ語の「-po」という語も、場所にも時間にも使われる。

ところで、個々の「言語」を支える数万の「意味単位(意味単位の中には単語の形をとらないものもあるが、ここでは、便宜上「単語」とする)」の分類は、幾通りもの根拠をもとにしてなされるが、その一例は、次のようにすべての単語を二種類に分類するというものである。

❶話者を中心にして、話者とその時その場における外界との対応関係を基盤として意味

をなす単語。たとえば、「これ」、「それ」、「あれ」などや、「わたし」、「あなた」、「彼」、あるいは「今日」、「昨日」、「明日」などである。それらは空間、時間、心理、相手などにもとづいて、話者当人と外界との関係を区切っている単語である。また、現実の場での「伝え合い」では、「さっきは」、「あとで」、「また（〜する）」なども、この種の単語に入るだろう。こうした例は、言語研究の場では「ダイクシス（deixis）」と呼ばれている。

❷話者とは関係なく、世界の事物を様々に分けている単語。たとえば、「机」、「犬」、「子ども」、「愛」、「美味しさ」、「天気」、「H_2O」など、雑多なものが見られる。

「時間」というものは意外に厄介である。触れることも、見ることも、聞くことも、味を確かめることも、匂いを嗅ぐこともできない。それでも日本人ならば誰もが「時が流れる」ことを実感するだろう。

「時はいかに流れるのか」と問えば、「それは直線的に流れている」と、多くの人が自明のことのように言うかも知れない。しかし、時間はうねうねと蛇行すると考える文化もある。しかも、それは前方に向けて、時には速く、時にはゆっくりと、速度を変えて進んでいる。他方、「時間」は人の死によって終わりを迎えるとする文化もあれば、そのようには考えない文化もある。この世で死んだ後も、人間は異次元の世界で新たな生命を与えられ、異なる「時間」を生き続ける。この考え方では、「時間」はこの世で終わるものではなく、永遠に続く。

日本では「時は廻《めぐ》る」という発想は、普通のものである。つまり、時間は円を描いて循環していると信じているのである。確かに、春夏秋冬と、毎年、季節は廻ってくる。人生も輪廻という思想で、廻りめぐって死後も「時間」は続く。ただし、廻ってきた「時間」は、元の形に戻っても、その内容は過去と同じものではない。たとえば、春が戻って来ても、その春は前年の春とは異なっているのである。

また、「時間」は途切れつつもピョンピョンと跳びながら続いている、とすることも決して妙なことではない。今や日常の中にとりこまれているこの「デジタル」という発想も、時間利用のあり方の一例だ。

ただ、地球広しと言えども、わたしの知るかぎり、過去も未来も感じることがないという人間集団はいない。そして、各々の文化の中で信じられている時間のあり方は、それを否定することがその社会での生存の可否にも関係するほど、大きな力で人びとを縛りつけている。

未来形がなくても、未来について表現できる

「言語」の話に立ち入ると、また別の問題が現れる。それは、「時間」を「言語」で表現

しているからには、表現のために使用する特定の言語の形式（単語や文法）に則る必要があることから生じる問題である。

「時間」表現は、それを表現する「言語」の形式に、何らかの形で縛られているのではないか、と考える人は多い。このことに関する答えは微妙で、明確に割り切れるものではない。「言語」の形式としては、文法的に見て「過去形」や「未来形」が存在しない言語は少なくない。たとえば、英語のように現在形や過去形という形式がある言語では、「I saw you tomorrow」という表現はできない。未来のことである「tomorrow（明日）」に対し、「saw」は「see」という動詞の過去形なので、一つの表現単位の中で同時に用いることができないからである。

しかし、隣国の中国語を始め、多くの言語には、英語のような「未来形」や「過去形」などという単語形式が存在しない。形式としては、何事かが「完了」しているのか、「未完了」なのか、「続いている」のか、「始まっている」のか、というようなことを表す語があるだけなのである。過去や現在や未来の出来事を表現するには、具体的に時間を示す語を使えば何の支障もない。「さっき」とか「昨日」などと言えば過去になり、「あとで」とか「来月」などと言えば、未来を表していることは明らかである。すなわち、いかなる言語であっても、その形式に縛られることなく、人間が言語で表現できることならば表現可能なのである。

現代における「刻」離れ

「伝え合い」の中で「刻」を話題とする場合、最も重要なことは、現代の日常生活では、「刻」離れが非常に激しくなっているということである。

「伝え合い」の内容を支えているのは、本来は「その人」、「その時」、「その場」の状況に「そぐう」ものであった。それが現在では、意味だけが自立しているという面が、きわめて明確に見られるのである。

もう何年も前から、幼稚園では「シンデレラ」の話をするのが難しいという。悪い母親がいて、二人の娘がいた。雪が降るある日、その母親は自分が産んだのではない方の娘に向かって、「外に行って、イチゴを採っておいで」と言う。現在、初老を迎えるくらいの年齢の人ならば、そこで涙を流すかも知れない。しかし、現在の幼稚園には、シンデレラが置かれている状況が理解できない園児がいるという。「なんで、コンビニに行かないの?」、「お金が足りないのかな?」などと、話に対する反応のあり方が、大人たちが期待するものとはまったく異なるのだ。それも当然かも知れない。今では、一年の大半がイチゴの季節なのである。子どもたちが、問題は値段の面だけと考えても不思議ではない。

こうした「伝え合い」の内容と「刻」のズレが、日本は目立って激しい国であると思う。

その大きな理由は、高度に発達したマスメディアが国全体を覆ってしまったことにある。月刊誌は本来の季節の一ヶ月、二ヶ月前に出る。十一月はクリスマス真っ盛り、十二月は新年気分の中にある。夜中の話題であるべきことが、朝、昼のテレビ番組でお構いなくとり上げられる。また現在の日本では、家庭で日常的に食べる農作物は、とっくの昔に本来の意味での「季節」というものを失っている。たとえば、「旬」に関しては、販売や宣伝の都合上、日取りがあらかじめ決められるので、たとえその月に現物が入手できなくても、収穫物の量が予定とは多少違っても、旬の祭りは行われる。人びとは、本来は季節ごとに様々なあり方で廻ってくる現実の「旬」を感じることもなく、予定された通りに旬が廻ってくるものだと思いこんでいるのである。

マスメディアが作る情報を、ナマの現実よりも現実感をもって信じる。こうした人が普通となったのが、今の日本である。そして、もちろん、こうした傾向は食べ物の「旬」に限ったことではない。

「伝え合い」における「時間」の用法

本来、「伝え合い」と「時間」との関係でもっとも重要なことは、その用法である。それには、一般的に話題の対象となる「時間」の枠内だけではなくて、「根回し」のように、対象とする時間の前に、じっくりと使われる時間もある。短時間のうちに二つも三つものことを片づけるという時間の使い方もある。

「時間」の用法の変化を歴史的に見ると、音楽はそのあり方を最も端的に示す例の一つであると言えるだろう。

たとえば「盆踊り」を見てみよう。盆踊りは、本来、前もって決められた定刻に始まり、定刻に終わるものではなかった。それは、後になってふりかえってみて初めて、「あの時に始まり、あの時に終わった」と言えるものであった。大体のところ決まっているのは、それを行なう季節と、「日が暮れてから」ということだけであった。日が暮れても、雨が降ってきたならば、雨が止むまで待つ。太鼓叩きの青年が来なければ、その人物が姿を現すまで待つ。天気がよくて皆の気分が乗れば、いつもより遅い時刻まで踊る。その時間帯の中で、参加者は日ごろ会う機会が少ない知人と出会う。その場の雰囲気の中で、ある者たちは意気投合して、その後の良き友となる。このように、人びとは様々な「伝え合い」の機会を、盆踊りの緩やかな時間の流れの中で持ったものであった。

音楽も元々、いつの間にか始まり、いつの間にか終わるものであった。そのあり方は、その場の状況に「そぐう」ものであった。しかし、時代は変わり、興行としての音楽が出現するようになると、音楽は客観的に計られる時間というものに制約されるようになった。

まず、音楽を演奏するには、会場とその使用料が必要となる。出演料も当然ふくまれる。

その費用は、時間帯や入場可能な人数をもとに算出される。使用時間の制約が先に立つので、演奏時間帯と音楽内容との「そぐい」は無視されることもしばしばである。朝っぱらから小夜曲《セレナーデ》も可能であるし、季節はずれのクリスマスソングや田植え歌、大人ばかりの夜の集まりの場で若者向けのポップミュージックなども珍しくない。音楽に不可欠の要素であったはずの状況との「そぐい」というものは軽視され、本来は場違いとされるはずの音楽が、人びとに何の違和感も持たせないものとなってきたのである。

そして、十九世紀にレコードが発明されると、今度は、レコード盤によって定められた時間内に音楽を閉じこめる結果となった。定められた時間から一秒でも長い作品は、商品の企画に外れるので避けられる。レコード盤に定められた時間より演奏時間が極端に短いものも、商品として成立しないので避けられる。やがてSP盤がLP盤となり、収録されている作品の演奏時間は長くなったが、基本的な条件は同じである。ウォークマンが流行り、CDが発売され、何千曲を収めることができるiPodが人気を集め、今やスマートフォンで音楽をダウンロードして楽しむようになっている。わずか百年あまりのうちに起きたこの変化は、音楽をその背後にあった「時間」と「空間」から切り離し、何かに閉じこめ、個人が持ち歩きできるものへと変えたのである。

このような「時間」の用法のあり方は、現代社会では経済的な効率が関わることのほぼすべてに通じている。ラジオ、テレビは言うまでもない。政治演説から学問発表の場、果てはその合間に行なう個人的な会話にいたるまで、人びとは定められている時間を気にしながら、「伝え合い」を行なう。個々の社会が創りあげた「時間」の枠組みが段々と画一化され、次第に一律の流れを刻みながら、人間を縛り始めてきたのである。

人間の「伝え合い」が「時間」に縛られる一方で、「時間」や「空間」のコンテクストを失ってきたことも、現代社会に特徴的な現象である。従来の「伝え合い」は、人と人とが直接に出会ったり、電線で結ばれた電話を通したり、情報を運ぶ道路や鉄道線路を利用したりしながら、いわば、何らかの形で「線でつながる」ことによって成り立っていたのである。しかし、現代は「ワイヤレス」の時代である。人は物理的につながらなくとも、地球の裏側の相手とでも、「伝え合い」を行うことが可能となった。また最近まで、道具を使う「伝え合い」では時間と距離で価格が左右された。しかし、インターネットを介したEメールなどでの文章のやりとりでは、使用時間帯や使用時間の長短、相手との距離の遠近などは価格に関係しない。

相手と対面して行う直接的な「伝え合い」と、インターネットを介した間接的な「伝え合い」。これらは、本来、非常に異質な「伝え合い」である。しかし、この区別を意識することさえない人が増えて来ているのは、人間という動物の「伝え合い」を考えるうえで、非常に気にかかる傾向の一つである。

第七章 「社会構造・社会組織」と「装い」

「ことば」よりも雄弁なもの

「黙って座れば、ピタリと当たる」

昔、流行った占い師の宣伝文句である。占いの当たり外れは別としても、その人物は相談に来た相手の事情を、無言のうちに読みとれる自信が大いにあったのであろう。もっとも、占い師の前に座った時点で、相手は何らかの悩み事を抱えて相談に来ているというのは明白であるから、それ自体がすでに多くを物語っている。しかも、大方は日本人の日常生活の中での悩みなのだから、相談事のパターンはある程度決まっている。

このことは、心理カウンセラーが行なっている現場での「伝え合い」にも似ている点がありそうだ。単なる雑談をするために、そうした場所に来る者はいない。そこに来る当人、または付き添いの人を見れば、その人びとが「ことば」で表現すること以外にも、しばしの沈黙、「ことば」の背後に隠れた脈絡、顔の表情、身体の動き、装いなどが、様々な意味を伝えている。だが、こうした無言のうちの「伝え合い」がもつ意味は、日常の場ではきわめて幅が広く、類推が利きにくい。それに、そのほとんどは、伝え手の側も受け手の側も、明確に意識することは少ない。

人間の「伝え合い」において、実際に口から出てくる「ことば」以外にも、雄弁に物語るものがあることを世間に語りかけてきた人物が、アメリカの文化人類学者E・T・ホールである。彼は、一九五〇年代の終わりごろから、「文化」としての「空間」や「時間」が、個人間の伝え合いの現場で、「沈黙のことば（silent language）」としていかに大きな役割を果たしているかについて、世界各地の実例をあげながら話題を展開した。その議論については、この本でも一部を紹介した（第五章）。

ホールがあげている主題は、「異文化」に属している人物同士に見られる「伝え合い」である。「異なる文化」ということに関しては、その違いの程度がどのくらいかという問題がつきまとうので、話はそうすっきりとはいかない。また、現代社会には多様な価値観をもった人びとがいるため、そう整然と簡潔に「異文化」なるものを整理することはできそうもないという意見もあるだろう。さらに、そうした議論は、従来の実証的な方法に固執する人から見れば、曖昧とされる面も見出だせるに違いない。

しかし、ホールの著作は（一般書として刊行されたものが多く、読者としてアメリカ人を念頭においている面があるが）、異なる生活習慣、価値観、宗教観などをもつ人びとが共存する社会においては、単に自分の側から見た善意や論理的な判断というものだけでは、互いに大きな誤解を生むことになりかねないことを、人びとに気づかせてきた。「沈黙のことば」の重要性を再認識させたことでは、重要な役割を果たしたものであると言える。

「ステレオタイプ」と「そぐい」

これまでたびたび触れたことだが、「伝え合い」に働く「ことば」以外の諸要素を扱うものに「ノンバーバル・コミュニケーション」の分野がある。その分野では、「ことば」以外の諸要素、すなわち身体の動きや顔の表情、視線、体形などを個別に扱い、人間の現場での「伝え合い」でそれぞれが独立して一定の意味を伝えるという発想を前提としている。当初から、わたしはそうした諸要素を分離させる見方に異論を唱えてきた。わたしの立場は、むしろ、諸要素が同時展開するあり方を捉えるということを前提としたうえで、そのためには何に着目することがもっとも有効であるかを考えることにあった。

ノンバーバルな要素の一部のみを拾い上げて、その一定の形式や意味を分析し、実際の「伝え合い」に働く諸コンテクストを顧みることなく、いずれの場合も一定の意味を伝えるものとして話題を展開するノンバーバル・コミュニケーション関連の研究には、即座に「ステレオタイプ」という語を思い起こさせるものもある。ただ、この語が示すものは、どちらかと言えば否定的にとられやすいが、簡単に無視してよいものでもない。「伝え合い」でのステレオタイプは、ほとんどの人びとが、場合によっては意識的に「拠りどころ」とするものでもあるからである。

また、「ステレオタイプ」は「そぐい」という語を思い出させる。これらの語は、二人以上の人間に「共有される型」であることを意味する点では似ている面もある。しかし、「伝え合い」の話題では、「ステレオタイプ」は、不特定の人びとの中において広く「共有されている型」であるが、「そぐい」は、実際の場での「特定の人物の間における共有」という意味として使い分けられる。すなわち、「そぐい」は、ある場で「伝え合い」に参加している当人たちの個人的な選択に支えられているのである。

この二つの型には、その場での使いわけが、ある程度は明確な例もある。冠婚葬祭、各種の式典、ある種の企業集団の仕事場などでは社会的な意味が重視されるので、正装や制服のように「ステレオタイプ」のものが望まれる。また日常の場では、ブランド品の着用や流行中の化粧などには、個人的な「そぐい」の面があると同時に、先端の流行を身につけた者であることや、社会的な上層部にいる者であることを誇示するなどの面で、「ステレオタイプ」である例も多く見られる。

社会構造

「沈黙のことば」の領域は広く、身体の動きや装い、時間や空間といった諸要素から、

「伝え合い」に関わる当人たちの社会背景までをもあげることができる。その社会背景には、社会構造や社会組織といったものから、互いのきわめて個人的な事情までがふくまれる。「社会組織」とは、家族や企業、その他の各種団体など、当人が所属しているあらゆる組織のことである。「社会構造」の方はイメージがつかみにくいかもしれないが、ここでは、特定の組織に還元されない、その社会全体が共有する仕組みを支える人間関係としておきたい。一般的な親子の関係、親族間の関係を支える構造は、その代表的なものである。

そうした人間関係をめぐっては、人びとが「人間として当然」と思いこんでいる規範が、その社会に属する成員のほとんどすべてに共有されているということが特徴的である。

たとえば「社会構造」の例として、あるとき三人の男がマージャンをしようとしているとしよう。しかし、ゲームを始めるには、一人足りない。そこで、誰か参加する者はいないかと探していると、その場に知り合いの男が通りがかった。その人物は、いたって生真面目な男である。三人は、ちょうど都合がよいところに姿を現したというので、その男を呼び止めて誘った。すると男が、「いつもは、いろいろな事情があって、君たちとゆっくりとつきあえないのだが、今日は、運よく両親が危篤で、あの状態では文句を言われることもなさそうだ。ゆっくりつきあえるよ」と言ったとする。誘った側の三人は驚いて、「君、それは大変じゃないか」と言うだろう。それでも、その男がニコニコしながら、「今日は、気分よく皆と遊べる」などと話し続ければ、「君は、人間としてどうかしている」などと言って、怒り出す者もいるかも知れない。

もう一つ、「社会構造」についての例をあげてみよう。日本のある地方に五人家族があったとする。三人の子どもはすでに成人している。長男は九州、次男は北海道で会社員をやっている。その下の長女の花子は東京の大学の学生である。ある連休の日、家族全員が実家に集まった。そのとき父親が「こうして、皆が家に集まることは、なかなかできない。父さんも歳だし、この機会に今後の家のことなど皆で話しあっておこうではないか。母さんと花子、酒と簡単なつまみでも用意してくれないか」と言い出す。花子は、「わたしだって、話しあいに参加したい」と言う。父親はちょっと驚いて「なぜだ」と尋ねる。花子は「今は男女平等で、法律でもわたしが参加する権利がある」というようなことを言う。父親は、女の子なのに生意気な口をきいて、やはり東京の大学などに行かせなければよかったと、心のなかで思う。結局は、もっぱら男たちだけの話しあいが始まる。いろいろ意見が出るが、まとまらない。すると、父親が言う。「ここのところは、長男の意見を立てようではないか」と。

このようなことは、昔の話だと思う人も多いだろう。しかし、実際は現在もそれほど変わらない場は多く見いだせる。親子の関係、家族内の人間関係。そこに見られるものは、人間として当たり前のことと信じられているが、それらも、世界に見られる多様な社会の仕組みのあり方の一例に過ぎないのである。

ある社会では、同じような意味をもつ関係が、親よりはオジなどとの間に見られる例もあるし、当人が属す社会に存在する一種の代表者との関係にある場合もある。わたしが知る社会では、親子型、オジとの関係型、親族縁者型、同期の桜型（たとえば同じ時期に成人となる儀礼を受けた仲間など）が、生活面で重要なことが起きた場合に密接に結びつく仕組みとなっている。先にあげた二つの例のように、やりとりの場の背後で、社会構造が「沈黙のことば」として働いている例は決して少なくない。それは、場合によっては個人、集団、政治などの場での「伝え合い」を強力に支えるものともなっている。

社会組織

「社会組織」のもっとも身近な例の一つは、社長、課長などといった会社の組織内での人間関係である。それが、「伝え合い」にどれほど大きな影響を与えているかを考えるには、次のような例を思い浮かべればよい。ある一杯飲み屋で少し酔いがまわった男が、隣の席にたまたま居合わせた男性に、職場についてくだらない愚痴を言っているとする。しばらくして、男がその隣席の人物に、「ところで、あんたはどんな仕事をしているの」と尋ねたら、相手の男性が名刺を差し出した。それを見ると、なんと自分の会社の重役だった。

男は一瞬のうちに酔いも覚めて、話題はまったく別のものになるだろうし、その場の雰囲気も一変するに違いない。

そこでは、「伝え合い」の背後にある社会関係が露わになる。このように、「沈黙のことば」として大きな力を及ぼす社会組織には、現代社会ならば、大企業、名門大学、政治的集団、そして強力な犯罪集団などをあげることができるだろう。

「社会組織」に関する話題があがると、海外でよく引き合いに出されるのが「日本の名刺文化」である。日本では、いわゆるエリート集団に属す人物のなかには、折あるごとに「わたしは、こういう者です」などと言って、何より先に相手に名刺を差し出す人がいる。その人物が、その組織の中で何をしているのかは二の次で、その組織の名前が「伝え合い」の場で大きな意味を相手に与えるからである。このようなことは、立派な肩書きをもつ人物であれば、その人物が本来は専門外の料理や子育てなどについて語ったとしても、人びとはそれをありがたく聞くという傾向を強くする。逆もまた真なりで、社会的にとるに足らないとされるような人物が話すことには、たとえ真実であっても、多くの人は耳を貸さない。

国によっては、「伝え合い」の場で、まず自分がどんな種類の仕事をしているかを話題に出す。そして、その話題の流れ方次第で、自分が働いているのは何々という組織だと言って、名刺を出すことになる。名刺は仕事のためにしか使用しない場合も普通である。ところが、日本では、当人より肩書きが物を言う場合が多いので、大組織の役職にいる者などの中には、「いやー、大した所ではありませんが」などと言って、逆にその効果を強めようとする手合いもいるほどである。

「ハダカ」と「装い」

次に、以下では、最も身近な「沈黙のことば」の一つである人びとの「装い」について考えてみたい。「装い」という語には、ことばを装う、行為を装う、などといった用法もあるが、ここでは文字通りに「人体」に何か手を加えて、「意味を付け足す」ということに話題を絞りたい。

いかなる時代、いかなる土地に生活する人びとにも、何らかの「装い」は見られる。人間であるかぎり、自らの体に一つも手を加えないで、ずっと生まれたままの姿でいるという例は見られない。基盤としての「人体」に何かを付加（＋）するか、除去（－）することで「装う」のである。その行為には、社会的な面と個人的な面の双方がある。そして、それが「伝え合い」では「沈黙のことば」として、大きな役割を果たしているということになるのである。

「装い」の話題に入る前に、まず、それぞれの文化で「装い」がないとみなされる状態、つまり、「ハダカ」ということの意味に触れなければならない。

裸。あるいは丸裸、素っ裸。表現はさまざまだが、「ハダカ」という概念を表わす単語をもたない言語は、世界広しと言えども見当たらない。わたしが過去に見聞きした数百種類の言語のいずれにも、「ハダカ」に相当する語彙が存在する。そして、その語が意味するところは、文字通りに装いゼロの状態である「裸体」ではない。

「ハダカ」とは、その言語が使われている社会での常識的な「装い」の程度から、ほんの少しばかり何かを取り除いた状態を意味していることが一般的である。

たとえば、ある男の社員が、ジョギングを終えてすぐに、上半身には何もつけずに社内に戻ってきたとする。すると人びとは、「あの人は、会社に〝ハダカ〟で入ってきた」と言うだろう。その人物はズボンも身に着けているし、靴下や靴も履いている。眼鏡もかけているかもしれない。それにもかかわらず、その男性は「ハダカ」なのである。ならば、それらもすべてとり去ったとしたら、その人物は文字通りの意味で「ハダカ」になれるかというと、そうではない。

たとえ衣服を脱いでも、髪型、爪の切り方、長年の肌の手入れの跡などは、決して脱ぎ去ることはできない。耳に開けたピアスの穴やイレズミなども、消してしまうことは不可能だ。そして、それらを見れば、その人物がいかなる時代の、いかなる土地の、いかなる種類の生活者かが、容易に推測できるのである。まさか、風呂に入る時に「ハダカ」になるからといって、鋭いナイフでもって自分の皮膚まで剝ぎとり、すべての「装い」を取り去ってしまうという人物はいないだろう。

ただ、きわめて多様性に富んだ「装い」が見られる日本では、「ハダカ」からの人物背景の判定が、この点では非常に難しい例が多い。しかし、現在も世界の多くの土地では、脱ぎ去ることができない「装い」を伴う人間の「身体」は、相手に出会った瞬間、その人物の生活の背景にあるすべてを語ってしまっているのである。

文化的存在としての「身体」

褌《ふんどし》や腰蓑《こしみの》一つの人びとを、「裸族」などと呼ぶ場合がある。しかし、彼らもまたその社会の中では立派に「装っている」のである。決して何も手を加えていないわけではない。その姿は、私たちにとって普通とされる「装い」の程度と比較して、多少、装いの度合いが少ないため、私たちの側から見れば「ハダカ」であるとされるに過ぎない。

半世紀近く前のことになるが、わたしは東アフリカのある土地で、一糸まとわぬ姿で生活する人びとの中で過ごしたことがある。そこでは、腰に紐一本を巻きつけただけの姿で、男性は木で作った小型の簡単な椅子を手にもって歩いていた。確かに、その人びとは衣服は身に着けていない。しかし、椅子をもっているのを見ただけで、所属集団がはっきりと分かる。また、髪型、イレズミなどにも入念に手を加えており、それを見れば、その人物がその社会ではどのような地位にあるのか、子どもなのか成人なのか、女性ならば結婚しているのか、子どもはいるのか、などが簡単に分かってしまう。言うならば、彼らの「ハダカ」は、戸籍抄本《しょうほん》、履歴書などを背負って歩いているようなものなのである。

理屈をつければ、「裸体」とは、一人として同じではない個体差を意味するとすれば、日本のように多様な服装をし、多様な化粧をしている人であふれ、巷に出ても、一人として同じ「装い」をした人物に出会うことがほとんどないという社会では、人びとは「装う」ことによって逆に「裸体」となっていると言うこともできるだろう。その点、裸族と呼ばれる人びとの社会では、衣類など一切身に着けることなくとも、イレズミや髪型で逆に全員が「装い」過多となっていると言えるかもしれない。

いずれにせよ、人間は文字通りの意味では、動物のように「裸体」にはなれない。こうした話題を展開する場合、人体を表現するためには、物体としての、あるいは生物学上での「体」という語と、社会的、文化的な背景の下に存在している「身体」という語を使いわけることが必要になる。すなわち、人間はいくら衣服を脱いでも、「裸体」にはなることができない。誰がどのように頑張ろうとも、人間は文化を身につけ、他者との関係の中でしか生きられない。それは体の面においても同様である。つまり、人間は社会的、文化的に装った「身体」であることから逃れることはできないのである。こうした社会的、文化的な存在としての意味を強調して、あえて「社会身体」あるいは「文化身体」という表現を用いる場合もある。そして、そうした社会的、文化的存在としての「身体」が、人間の「伝え合い」の基盤ともなっているのだ。

補足であるが、「ヌード」というものも、文字通りの「裸体」ではない。「ヌード」は、衣類を意図的にとり去った状態にある人物を素材として、その姿態、背景、構図のとり方などに工夫を凝らしたものであるから、そこにあるのは、いわば「装い」を施した「ハダカ」なのである。すなわち、「ヌード」とは、風呂に入る時の単なる「ハダカ」とは異なって、作品として他者に見られることを前提としたものである。

ちなみに英語の場合、ゲルマン語系（Anglo-Saxon Germanic）の単語である「nakedness」は、他者との関係なしの「ハダカ」で風呂に入る時のような状態を意味するが、フランス語系（Norman French）の単語である「nude」は、他者との関係でのみ成り立つ姿を意味している。

「装い」をめぐる価値観

「装い」は段階として、「カラダ」に施す直接的な操作（イレズミ、切除、整髪、など）から、文字通りに一糸まとうことに向かう。その糸の数を増し、布などを用いると、衣類と呼ばれるものになる。身に着ける衣類が、ジェンダー、年齢、貧富、社会的地位などを表すことは例をあげるまでもない。

「伝え合い」で「装い」がきわめて大きな意味をもつことが、最も手っとり早く見られる例は、テレビ番組の「水戸黄門」であろう。長年続いた人気番組のお決まりの場面は、クライマックスで、悪者とのチャンバラの後に、周囲を取り巻く人びとに向けて、「控え、控え。この紋所が目に入らぬか」とお供の者が声を上げ、葵の御紋の印籠を示すというものである。そこでは、印籠は、普通のご隠居さん風の簡素な衣服をまとっただけの老人が、実は特別な身分の者であることを示す効果的な「装い」として働く。たちまちのうちに、その場の状況は一変し、人びとは黄門様に向けて一斉に土下座することになるのである。「装い」の社会的な意味以上に、わたしが興味をそそられることは、文字通りに一糸しかまとっていない人びとの「装い」から知らされることである。世界のいかなる土地を見ても、最も少ない量の衣類と言えば、胴体に横線の状態で巻きつけた一本の細紐である。そして、その「装い」方には、成人女性の場合、南アメリカやアフリカで地域別に四種類のものが見られる。簡単に分類すれば、へその上に巻く、へそ下二、三センチのところに巻く、そして、腰の両骨から女性性器の割れ目に向けて細紐をたらし、その紐を股の割れ目をくぐらせて背後に回し、そこで結ぶという型もある。

いずれの土地であっても、腰紐の位置はそれぞれに定められている。その腰紐を、土地の人びとの常識から外れてわずか一センチほどでも高いところで「身体」に巻く女性がいれば、「あの女は気取っている」、「格好をつけている」、「お高くとまっている」などと周囲の人びとから非難を受けることになる。その土地の習慣から見て、腰紐をわずか一センチほど他の人びとより下の方に巻いている女性がいれば、「あの女はだらしがない」、「淫らだ」と周囲から非難されることになるのだ。ある土地で普通なことも、他の土地から見れば許せないものでありうる。他の人びととの違いとして、わずか一、二センチほどのことにこだわり続けている人間の姿は、この地球上、どこに行っても変わりがない。

この話は、はるか離れた未開の地のことと思ってはならない。驚くべきは、そのことに関する日本での道徳評価の差もまた、わずか数センチなのである。有名タレントで、体つきのよい若い女性が、パンティをわずか一、二センチずらして、陰毛をちらりと見せるだけで、世間は大騒ぎし、業種によってはそれだけをネタにして何千万円単位の商売にすることも可能なのだ。

次のような、やや過激と感じられる例を出せば、事態はいっそう明白だ。どこかの国で、国会の会期中、議会の演台に立った指導者が、やおらズボンの前を開けて、男ならば誰もがもっているペニスをさらけ出したとする。そのことだけで、国会は即座に中断し、その後にはマスコミが何日も騒ぎ立て、その国の国民全体の生活までもが大きく影響されることになる。また、その国の風習で割礼を受けていることが常識であった場合、露出されたペニスに割礼が施されていなかったならば、その指導者が与える混乱の大きさは計り知れないものとなるはずだ。

人間の伝え合いにおいて、「沈黙のことば」の基盤となる「身体」は、単なる手まねきや視線などをはるかに上回る、大きな影響を持ちうるものなのである。

「化粧」が伝えるもの

基本的には動きを伴わない、身体による「沈黙のことば」の代表的なものの一例に、「化粧」がある。「化粧」とは、「今のままの自分では気に入らない。でも手を加えた結果、自分ではなくなってしまうのも嫌だ」というジレンマの下での、飽くなき個人的な挑戦であると言えよう。人間はその行為を、手を変え品を変え、気が遠くなるほど長い年月の間、続けてきた。

そもそも、「化粧」とは、体の表面に何らかの色や形をプラスすることで行なう「身体彩色」の一例であると言える。イレズミや歯牙変工のように、体に永続的な変化を加える「身体変工」は、いったん身に施してしまえば、それを消すことは難しい。しかし、「化粧」の場合は、必要が終われば容易に洗い落とすことができ、好みにあわせて色や形などを変えることも自由自在だ。また、日本のように元の顔が分かる程度の化粧（中には例外もあるが）ではなく、むしろ顔を土台としてある種のデザインを完成させるといった華々しい化粧もある。赤や青、黄色といった、目の覚めるような極彩色で顔を作りあげるパプアニューギニアの化粧は、その好例だろう。また、顔の部分、たとえば鼻や耳に穴を開けて飾りをつけるなどの身体変工を施したうえに、化粧をするといった具合に、身体変工と身体彩色が組み合わされることも普通である。

日本では、化粧は個人的な好みであると考える人が多い。しかし、現在でも世界の多くの地域では、その人物の所属集団や年齢、ジェンダーなどの社会的背景に応じた一定の形式をもつ。それは同時に、化粧を一目見れば、その人物のアイデンティティがはっきりと読みとれるということでもある。その点、現代の日本の状況は、世界的に見てむしろ例外的であると言ってよいだろう。

日本においても、わたしが大学生だった半世紀ほど前には、女性の化粧を見れば、当人の職業、育った環境、現在の生活状況などが、ある程度は推測できたものだ。しかし現在では、道を行く若い女性の顔を見ても、分かるのは、当人の化粧の上手い下手に加えて、金銭に余裕があるかないか、その年の流行はどのようなものか、といったことぐらいである。日本で若い女性の化粧が、マスメディアが作り出す毎年の流行にあわせて一様に変化するのを見ると、それがむしろ日本人であるというアイデンティティを示しているものなのかもしれないと考えてみたりもする。

日本では通常、化粧はある程度の年齢に達した女性が日常的に施すものであるが、世界には男性の方が熱心に化粧を行う社会もあれば、化粧が儀礼の時のみに限られている社会もある。無論、どこの人びとにも個人的な好みはあるが、その社会における「そぐい」という制約のもとで、いかに工夫を凝らすかということが基本である。というのも、化粧は個人の体に施すものではあるが、常に他者の目にさらされるという点では、社会的なものでもあるからである。化粧に関する規範が圧倒的に緩やかで個人の自由が許される日本においても、たとえば、葬式のような厳粛な場に派手な化粧で来るといった具合に、ある人物の「化粧」の感覚が、周囲の人びと比べていささかズレていれば、「伝え合い」の場で大きな意味をもつことは言うまでもない。それは、当人がたとえ一言も発しなかったとしても、意図しないほど大きな意味を他者に与えてしまうのだ。

消えゆく「装い」の文化

現在は、人間が気の遠くなるほど年月をかけて創りあげてきた多くの伝統的な「装い」が、地球上から急速に姿を消してゆく時代である。

「装い」は保守的であると同時に、いったん変化が始まると、きわめて急激に変わってしまう。同時に、その変化は欧米の価値基準に即した方向へと向かっており、特に、「ハダカ」とか性的と見なされるような装いの多くは、真っ先に槍玉にあげられることとなった。たとえば、ニューギニアの一部地域で、男たちの普通の「装い」であったペニスケースは今や、都会ではそれを身に着けた人の姿がすっかり見られなくなり、代わりに土産物店の店先に並ぶこととなった。わたしの家には主を失ったペニスケースが十数本あるが、それらはどこかユーモラスで、持ち主の顔を思い浮かべさせるものでもある。ペニスケースのような「装い」における性的な要素の誇張は、人間の社会でごく普通に見られた行為であるが、残念ながら、現代社会の表面からは排除されてゆく運命にある。

こうしたことで思い出すのが、ケニアのインド洋沿岸のモンバサに近いギリヤマ人の暮らす村での出来事である。わたしがこの地を初めて訪れたのは、一九六〇年代の初めだった。この土地出身の青年に誘われて、小径を見出すことさえ難しい茂みの中を難儀しながらくぐりぬけてゆくと、お椀をさかさに伏せたような不細工な造りのギリヤマの家があった。そこでわたしを出迎えてくれたのは、布の腰巻一枚に身を包んだイガグリ頭の若い母親と、短い腰巻をたらしただけの元気な子どもたちだった。

十年余りたって、再びその地を訪ねると、藪地を切り開くようにしてアスファルトで固められた道路が走り、北欧からの観光客が、近くの海岸のキャンプ場を目指して押しよせていた。わたしがかつて訪ねた家の男の子はすっかり一人前になって、海岸に土産物を並べて売っていた。洒落たシャツとズボンを身に着け、サングラスをしたまま新聞を読んでいた。その青年は、もちろん、わたしのことは覚えてはいなかった。昔、自分が住んでいた粗末な小屋の記憶すら、意識的に避けていた。目の前の砂浜では、北国からの観光客が、全裸に近い姿でアフリカの太陽を存分に楽しんでいた。そして、青年が手にした土地の新聞では、ヨーロッパ人の海岸での全裸をめぐり、「野蛮と文明」論争がまっさかりだった。

紙上には、「最近、浜辺を全裸で歩き回るヨーロッパ人が多くいるが、そんな野蛮なことは現代生活では許されることではない」と、近隣に住む読者からの投書がよせられていた。一方で、「太陽を求めてくる北欧の人びとが、ここに来て裸になりたいと思うのは当然だ。それに、裸は人間本来の姿ではないか」と、知識人らしい土地の人が反論する。

かつて目にした「装い」の「意味」が、急速に変貌してゆく様子を見ると、服を着始めた人びとの土地で起こったこの奇妙な論争を、今でも思い出す。

第八章

ことば通じて意味通ぜず

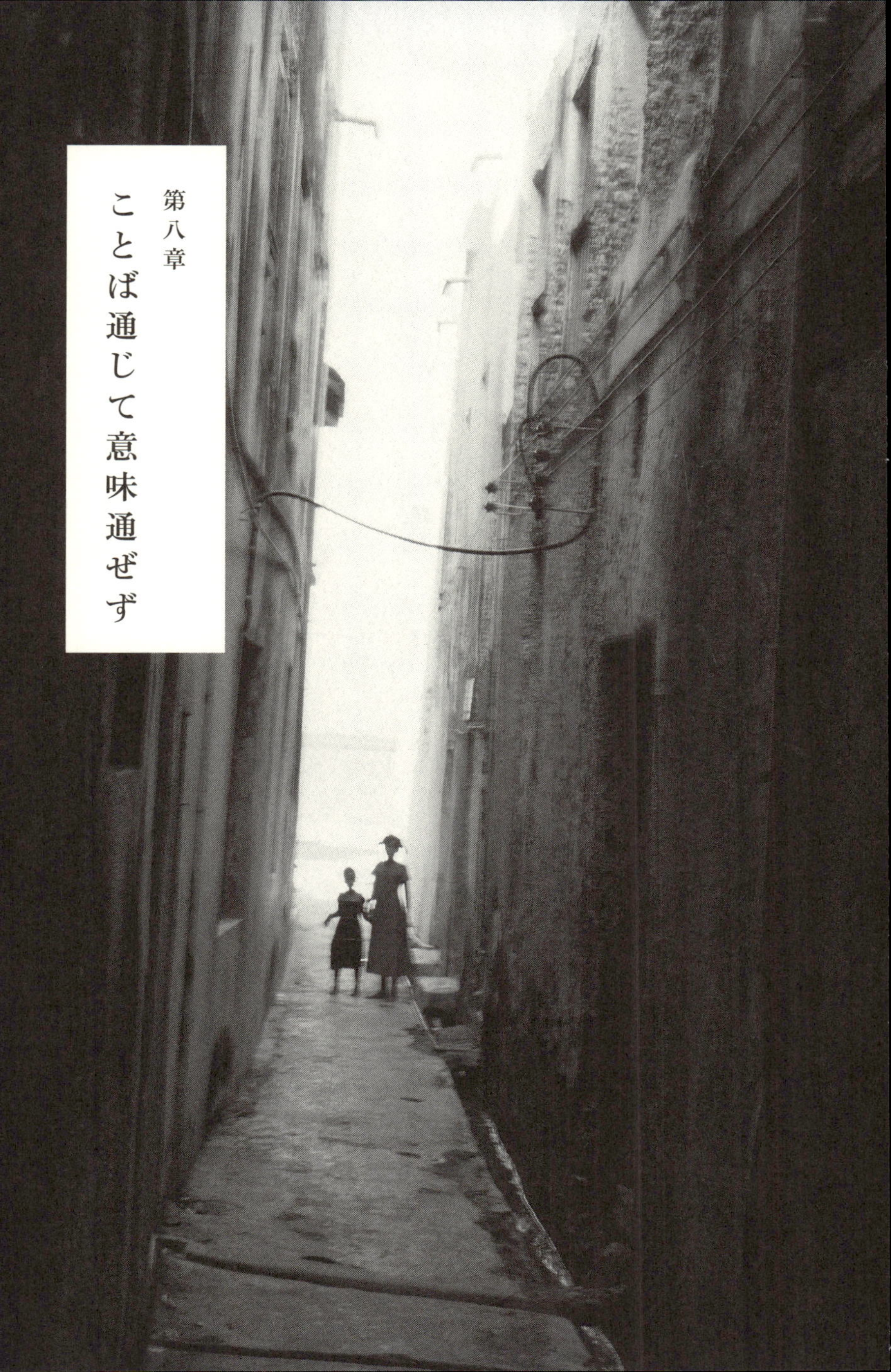

ソマリアの砂漠でのこと

一九六〇年代以降のわたしの思い出は、アフリカ大陸、アラブ諸国、インド洋諸島、ヨーロッパ、南北アメリカ、太平洋諸島など、世界各地に散っている。それも多くの場合、その国の人びとでも足を踏み入れることがない奥地や僻地が、わたしの滞在先であった。もちろん、そうした場所を選んで旅していたわけではない。研究対象とする小規模の言語や文化を追いかけていたので、そうした場所に滞在することになったのである。その中でも、もっとも強い印象を今も残しているのが、半世紀前、北東アフリカの国ソマリアを単独で縦断した時のことである。

その土地で最初に出会った数人の青年たちは、わたしには一切分からない言葉を話した。それどころか、広漠とした空間のどこから彼らが現れたのか、それすら定かではなかった。気がついてみたら、角張った顔をした精悍な体つきの男たちが槍を手にして、まるで冒険映画の一場面のように、わたしをとり囲んで口々に何かを言っていたのである。ただなぜか、わたしは恐ろしいという気持ちは抱かなかった。表情や身ぶり手ぶりを使って何とか簡単な挨拶を交わした後、彼らの寝泊まりしてる小屋までついて行き、そこで羊の脚肉やラクダのミルクなどを御馳走になったりした。

ソマリアの砂漠。見渡すかぎりの荒野の中、痩せこけた数頭の羊の小さな群れを追いかけながら、人びとは生きていた。一般に彼らは遊牧民であると言われるが、現実は「遊」して羊を「牧」しているのではない。乾いた土地にわずかに生えた草を求めて羊たちが歩きまわり、その羊たちに引きまわされて生きているのが人間なのである。

ソマリアで、わたしは幾度も「伝え合い」の難しさを経験することになった。羊に関する行き違いを書いた次の話は、高等学校国語教科書に掲載されることにもなったが、わたしにとっては、「ことば通じて意味通ぜず」という事態を最も実感させられたひとつの出来事であった。

ある時、一人の老人がわたしに「あんたの仲間がいる所には、羊がいるかね」と尋ねた。老人はイタリア語（ソマリア南部は旧イタリア植民地）を少々話し、彼だけがわたしと言葉が通じた。わたしは何の気なしに、「いや、わたしのいた土地には、羊はほとんどいませんよ」と答えた。「どうしてだね」と、老人は再び尋ねた。「わたしのいた土地だけでなく、日本という所には羊はほとんどいないのです」と、わたしは答えた。考えてみれば、それが誤解の元となったのである。

老人は、わたしの言ったことを彼らの言葉に訳してまわりの人びとに伝えた。すると、集まっていた人びとは急に心配そうな様子で、ごそごそと話しあいを始めた。彼らにとっては、その土地に生きる人びとにミルクや肉などを与えてくれる羊は、動物性の食物としては、ほぼ唯一のものである。後になって分かったことだが、わたしの国にはすでに羊がいないということは、食料が尽きてしまった土地なのではないか、そして、わたしはそうした土地から逃れてきた流れ者なのではないか、と彼らは受けとったのである。異なる文化をもつ人びとを相手にした「伝え合い」では、当然と思っていることが通用しないことも少なくない。それどころか、予測を超えた思い違いが、思わぬ事態を生んでしまうことさえある。

この本の初めの頃に、人と人との「伝え合い」では、非常に多くの要素が同時に、かつ溶けあって展開していることについて触れた。それらの諸要素の主なものとして、わたしは七種類の要素――ことば、身体の動き、当人の特徴、社会的背景、空間と時間、その場の環境、生理的な反応――をあげた。現実の伝え合いの例では、それらのうちの一要素をとりあげた場合でも、そこにはかならず他の諸要素が幾割かずつ、分かちがたく結びついて働いている。

「身体の動き」を話題にとりあげる場合でも、「ことば」、「人物特徴」、「社会背景」などの要素を抜きにして語ることはできない。「ことば」に焦点をしぼる場合でも、「身体の動き」、「人物特徴」、「社会背景」などの話題が重なりあってくる。これは、「伝え合い」における「ことば」を対象にする場合も同様である。現場での人間同士の「伝え合い」で、誰が何をしているかが一切分からずに、話し声だけが聞こえてくるとしたら、それはまさにSFの世界である。「伝え合い」において、「ノンバーバル」な部分や「バーバル」な部分だけが独立して機能することはありえない。ただ、この至極当然のことは、コミュニケーション研究の中でしばしば無視されている。

「食べ物」とは何か――「伝え合い」を支える文化的共通基盤

「伝え合い」を支える七つの要素の働きを、さらに一段階深い背後で支えているのが、いわば「伝え合い」の文化的共通基盤である。そのことに気づかせてくる、最も身近な例の一つが「食べ物」に関する言動だろう。

たとえば、何人かの集まりで、誰かが最近食べた昆虫の幼虫（イモムシなど）の話を嬉々として始めたとする。言うまでもなく、イモムシには毒はない。地球の多くの地域では、イモムシはごく普通の「食べ物」である。しかし、現在の日本では、物好きな人をのぞいて、一般的にはイモムシは「食べ物」の部類に入るとは見なされない。それどころか、イモムシを食べる話などを食事中にもち出したら、「気持ち悪い」などと言って、嫌な顔をする人も多いだろう。ところで、このような例を出すと、即座に、イモムシは日本でも普通に食べる地域があるとか、子どもの頃にイモムシを食べたことがあるとか、戦時中に食べたなどと、言い始める人がどこにでも必ずいるものだ。その種の人びとの例もふくめて、イモムシをめぐるこうした発言は、その場のそれまでの「伝え合い」を中断させ、話題の方向をかなり変えてしまうことは確かである。

また、テーブルの下に落ちた食べ物は、その床が清潔ならば、たとえ食べたとしても体に害があるわけではない。しかし、床に落ちた物を拾って食べるという行為は、日本では、その集まりの場に居合わせている人びとの「伝え合い」に、一種の衝撃を与えることになるだろう。それを拾って食べた人物への評価にまで、後々までも大きな影響を及ぼすことになりかねない。このような規範からの一種の逸脱の例は、わたしたちが普段気にすることがない、「伝え合い」を支える文化的共通基盤を露わにしてくれる。

このような場ではこのようにすべきだ、あるいは、このようにすべきではないといった、一種の暗黙のルールは、人が何らかの行動を起こすときの前提となっている。また、ある人の行為を前にして、他の人びとがどのような意味を受けとるのかについても、同じことが言える。わたしたちが日常的に行なっていることは、いつ、どこで、誰が、どのように行なうか、などの様々な面で、文化によって枠づけられている。そして、ごく日常的なことであればあるほど、その枠づけがより明確に定まっている傾向が強い。いかに豪快で型破りな人物であったとしても、その文化的な枠づけから全面的に逃れることは難しい。それは、端的に言えば、いくら自由な内容を自由に話そうと努力しても、話者が自分の言語の語彙や文法から離れることができないのと同様である。

人びとの行為を支える文化的共通基盤は、個々の社会において長い歴史過程の中で形成されてきたものである。そして、きわめて身近で日常的なもの一つとっても、そこには文化の網が非常に複雑に何層にも絡まりあっている。たとえば、先ほどの「食べ物」の例で言えば、人類が食べても命に支障がないもの、すなわち「食べられる物」の領域はきわめて広い。人間は、あらゆる動物の中でもきわめて雑食性である。しかし、人間は「食べられる物」をすべて食べているわけではない。いかなる時代、いかなる土地に暮らす人間集団にとっても、その社会に属する人びとが「食べ物」だと認める物がある。

人間が「食べられる物」と、その文化において「食べ物」であると認めている物とのギャップは非常に大きい。ただ、だからと言って、人は自分たちの文化の「食べ物」の領域を、人間にとって「食べられる物」の全体にまで拡大しようとはしないものである。それどころか、自分たちにとって「食べ物」ではないものを「食べ物」としている人びとに対しては、「あんな物を食べている!」などと言って、きわめて差別的な感覚をもつ傾向が強い。特に、宗教的な教えが「食べ物」に深く関係している場合は、その反応は信じがたいほど強烈な表現をとることも少なくない。

日本のように「食べ物」に寛容な傾向が強い社会では、こうした話題はそれほど大きな意味をもつものとは思わない人が多い。しかし、ほぼ全国民がイスラム教の教えに忠実にしたがって日常生活を送っている国に一歩足を踏み入れれば、世間が無言のうちに守っている規範の力がどれほど強いものであるかは一目瞭然である。たとえば、イスラム教ではブタは「穢《けが》れている」と見なされており、ブタ肉はおろか、ブタ由来のものすべてを口にすることが禁じられている。そうした教えをよく知らない日本の人が、日本料理にはトンカツというとても美味しい料理があるなどと、その土地の人びとを前に嬉々として説明し始めたならば、その場の雰囲気はどのように変化するだろうか。おそらく、相手方の空気はだいぶ気まずいものとなってしまうことは想像に難くない。

「文化」が問題となるのは「食べ物」の選択だけではない。素材となる物を手に入れ、保存し、料理し、食べるというすべての過程において、人びとはそれらを「どのようにか」行なっている。その「どのようにか」こそが、文化なのである。たとえば同じ品目を数種類食べる場合でも、それらを食卓に出す順序が少々異なっているというだけで、ある社会では受け入れられないものとなる場合も見られる。

この本の初めの頃に、「伝え合い」の話題には「コード」面と「メッセージ」面があること、また、コードは基本的には非常に多数の「意味単位」と、その「組み立て規則」から構成されていることについて触れた。「伝え合い」のコード面とは、ある集団に属している人びとの行動を支える文化的共通基盤であるとも言える。そして、メッセージ面というのは、その共通基盤に乗って、現場で人が他者に示すことになる具体的な意味の一例を指している。

ちなみに、「言語」は人間の伝達行為を支えるコードの一種であり、実際に話される「ことば」はそれに則って表現されるメッセージである。西洋のクラシック音楽を例に置き換えれば、「コード」は言わば楽譜（それは何種類かの音符とその組み立て規則で構成される）であり、「メッセージ」は現場での個々の演奏者による演奏であると言えるだろう。

「文化」が異なるということは、まず、文化コードに見られる個々の行動の意味単位、行動の展開に見られる組み立て規則、すなわち順序のいずれかが異なっていることであると考えることができる。「食べ物」を例にとれば、食べ物の種類や、料理、食べ方などの違いが見られる二つ以上の文化があると言うことである。ウナギを食べる社会は世界に幾ヶ所もあるが、たとえばヨーロッパの一部では、ウナギを煮て食べる。そのように言うと、日本の人ならば、「なぜそんなことをするのだろう、ウナギがもったいない」などと驚くだろう。逆に、日本のウナギの蒲焼きの話をすれば、ヨーロッパの人びとは「ウナギが台無しだ」と嘆くに違いない。

このように、「食べ物」が口に入るまでの各段階には、各々の文化における意味の網が綿密に張りめぐらされている。しかし、そうしたことに自覚的である人は皆無に近い。日常的なものであればあるほど、そうした文化の問題は人の肌身に深く染みこんでいて、あえて客観的に考えることはしないものである。ただ、日常的なことであるほど、異なる文化に触れたときには、強烈な反応となって現れる傾向があるのもまた、事実である。

行動するときの拠りどころ——伝統

一段と深いところで「伝え合い」の七要素の働きを支える文化的共通基盤。その一部は、「伝統」という言葉で呼ぶこともできるだろう。ところで「伝統」とは、一般に遠い過去の時代から世代を超えて代々伝えられてきたものとされる。しかし、劇場で演じられる伝統芸能や、博物館に陳列されている絵画や工芸品などは、いくら日本の伝統だと言われても、それらはすでに当の日本人にさえ珍しいものである場合が少なくない。実際には、それらは確かに過去に伝統であったものの標本ではあるが、現在の人びとの間に生き続けている伝統であるとは言い難い。

伝統は、必ずしも、古くから代々伝えられてきたものばかりとは限らない。それどころか、現実には、わずか数年のうちでも伝統が成立することがある。たとえば、日本のある高校が、野球の全国大会で三、四年も連続して優勝すれば、選手たちも、まわりの人びとも、その高校は伝統的にスポーツが強いと思いこむだろう。そして、そのうち同校は、野球の伝統校として喧伝され、能力をもった選手たちが進学してくることによって、いっそう野球の伝統校として認められる存在となってゆくだろう。

「伝統は未来である」。わたしは、自分の伝統観を常々このように表現してきた。そこにこめた思いの一つは、伝統とは過去であるという思いこみへの疑問である。また、「伝統」とは人間の文化の中でも、高級なイメージをもつものに限定されがちだが、わたしが言う「伝統」の意味はずっと広い。人は何らかの行為を行なう場合、当人が意識しているか、無意識であるかにかかわらず、何らかの既存のやり方に頼ってしまう。そうした思わず知らず「拠りどころ」としているもの、それは「今から何かを始める」際に関係してくるものなので、単なる過去ではなく、むしろ未来に関わることなのだ。

ごく普通の日常生活に見られる行為から、人の行為の「拠りどころ」として働いている「伝統」が「伝え合い」に現れる例をあげてみよう。たとえば、都内の大学に通っている大学生がいたとする。彼は下宿に住んでいる。ある時、故郷の両親からリンゴを一箱送ってきた。息子を思う両親の気持ちはうれしいが、一人ではとても全部は食べ切れそうもない。そこで、彼は誰かに少しリンゴをおすそ分けしようと考えるが、その時真っ先に頭に浮かんだのが、普段からよくお世話になっている下宿の大家さんである。

そして、大家さんにリンゴを差し上げようと決めて、彼は、とりあえず、三つもって行こうかな、と考える。しかし、大家さんは二人家族だ。それならば二つではどうかと考える。しかし、二つではちょっと少ないようにも思えてくる。ならば、四つにしようかと思うが、四つというのはどうも数がよくない。もちろん、その学生は特別な宗教の信者ではないし、迷信に囚われるタイプでもない。しかし、「四」というのは、日本文化の中で生きる人にとってはどうも気になる数字なのである。

「四（し）」は「死」と同音であるため不吉であるという知識は、日本の人びとの生活観に深く染みこんでいる。「四（し、死）」という数は、「伝え合い」の場では、リンゴを与える側にとっても、リンゴをもらう側にとっても、そこから特別な文化的意味を完全に除くことはできないのだ。このように、人が行動をおこそうとする際に、思わず知らず「拠りどころ」としているもの。これが、わたしの言う、生きている「伝統」なのである。そして、当然ながら、文化が異なれば、日本社会に見られるこのようなこだわりとは無縁である。

様々な文化の違い

「伝え合い」において混乱を生じるのは、地理的な文化の違いからだけとは限らない。職種、年齢層、ジェンダーによる文化の違いからも様々な行き違いは起きる。かつて、日本のマスメディアでは「新人類」という言葉が流行った。それは、会社の新入社員などの言動が理解できないという人びとが急速に増えた時代であった。上司と顔をあわせた時の挨拶の仕方、上司に向かっての意見の言い方、仕事中の先輩に対する態度など、従来の社員の間で見られたものとは非常に異なるパターンをもつ若者が珍しくなくなったのである。

なぜ、そうした若者が多く出てくることになったのだろうか。日本の場合、マスメディアが送り出す過剰とも言える情報を通して、多様な生活文化や思想が無秩序に日常生活に流入し続けたことが、大きな要因として考えられるだろう。それらを素直に若い世代の者たちが受け入れた結果、価値観が非常に異なる人間が社会に混在し、共存するようになったのである。その一つの現れとして、かつては世代間に見られた「伝え合い」のしきたりは無視され、若者が仲間に対するような態度で上司に接するとか、気のおもむくままに仕事をやりくりする若者が珍しくなくなり、それが従来型の一様な価値観を共有していた多くの大人たちを困惑させることにつながったのである。

ところで、何年か前のことになるが、わたしの家の近くの蕎麦屋に、大学生風の女性がアルバイトに入った。その女性は、客が店内に入って来ると「何にします?」などと、ぶっきらぼうに尋ねる。客は「キツネを一杯、お願いします」などと、丁寧に彼女にお願いする。「あっ、そう。キツネね」などと、注文の念の押し方もぶっきらぼうである。それから、彼女はおもむろに店の奥に向かって、「すみませーん。キツネをお願いしまーす」と、声の調子も明るく、口調も丁寧に言う。わたしは、初めのうちは、そのアルバイトさんには大いに違和感をもったものだった。しかし、考えてみれば、わたしは単なる客、店の奥の人は彼女を雇っている大切な主人である。彼女の対応には、それなりに筋は通っているのである。ただ、丁寧語の用法や対人態度のあるべき姿が、わたしが身につけた時代のものとはかなり異なっているというだけのことだ。

現代の日本は、世代、地域、年齢、ジェンダー、職業などに応じた行動のあり方をめぐる従来の文化的基盤に、大きな変化が生じている。なるほど、多文化、多価値の時代の到来は、こんな所にまで押しよせてきたかと、わたしは改めて感じたものである。

多重文化社会における「伝え合い」

多文化、多価値とも言える状況下での「伝え合い」を考えるうえでは、次のような点に注意する必要がありそうだ。たとえば、この地上のどこかに小さな島があって、そこの社会は単一文化であるとしよう。その島の文化的共通基盤――便宜的に文化コードと呼ぶことにする――をより詳しく見てみると、それは島民全員が共有する「言語コード」、「世代間の関係コード」、「道徳コード」、「宗教コード」、「同胞意識コード」、「歴史観コード」など、非常に多数の下位コードが溶けあって構成されていることが分かる。そして、その島の人びとの「伝え合い」は、すべて同じ文化コードに則ってなされているので、話者の行為は意図の通りに相手に的確に理解されることになるはずだ。

もちろん、実際にそのような完全に単一文化の社会は、この世に存在しないだろう。ただ、仮にそのような社会があると想定して日本の状況と比較してみると、日本で共有されているのは日本語という「言語コード」だけである。「道徳コード」は、昔ながらの人間の生き方にしがみついている者から、異次元世界に飛んでいってしまっている者まで、非常に多様だ。「世代間の関係コード」についても同様に、心して年齢の上下にもとづく関係のあり方にしたがっている者から、そのようなことはまるで問題にしていない者までいる。「宗教コード」を見ても、真の信者、宗教には無関心な者、宗教を否定する者、さらには、各宗教をかけもちする者まで色々だ。その他のコードについても、多種多様の価値観をもつ人びとであふれている。こうなれば、同じ日本語で話していても、話者がそこにこめている意味が、そのまま相手に伝わるとは限らない。逆に、下手に「ことば」が通じ、「同じ日本人」という思いこみがあるからこそ、誤解が生じることに戸惑いや腹立ちを覚える人もいる。「ことば通じて意味通ぜず」。それが日本のような多重文化社会の現状なのである。

異なる文化をもつ人びととの共存ということは、「異文化」間の接触という話題と重なりあう。日本でも、近年、異国から来ている人びとが身近な所で働く姿を見かけることは普通になった。また、同じ日本人でも、価値観が非常に異なった人びとが自分の周囲で生活している。誰しもが、日常生活のなかで、そうした様々な異文化との接触をもつことが、好むにせよ、好まないにせよ、避けがたい時代となったのだ。

確かに、「伝え合い」について単一の文化コードのみを想定して語る試みは、問題点をすっきりとわかりやすくしてくれる。たとえば、この動作はこういう意味だ、と語ることは、それを行なう当人も、それを受けとる相手も、単一の文化コードを共有しているということが前提となっている。しかし、現実はそれほど単純にパターン化して語ることができるものではない。文化コードが異なる状況での「伝え合い」は難しい。自分の言動を受けとる相手の文化コードによって、常に、自分がその言動にこめた意味と、相手が受けとる意味との間にズレが避けがたいからである。

「ことば」がよく通じない、あるいは、まったくの異文化であると分かる人を相手にする方が、むしろ対処しやすい。文化コードが異なるということを互いにつかみやすいからだ。逆に、同じ言語が通じる相手の方が、誤解の原因を探ることは難しい。まず、文化コードが違うということに思いが至らないことがある。さらに、相手の文化コードのどの部分が自分と異なっているのかを理解することは、それほど容易なことではない。一例をあげれば、自分の周辺で生活している人びとの中に、「あの人は保守的だ」と皆から言われる人物がいるとしよう。しかし、その人物が、文化のどのような面においてどのように保守的なのかといった具体的なことになると、その評価から他の人が思い浮かべることはまちまちである。だからこそ、「ことば通じて意味通ぜず」なのである。

日常生活における異文化間での「伝え合い」の話題は、二つの国を代表する外務大臣の間での公的な会談のように、立場とする根拠の枠組みがしっかりしたものではない。文化が異なるという話題は、二つ以上の文化には明確な境界線が引けるかのような印象を与えるが、それらは現実には連続体としてのみ見られるものである。異文化間の線は、話題を展開する際に、言語の単語というものに依存せざるをえないがために生じる、一種の錯覚であるに過ぎない。

たとえば、日本文化とアメリカ文化というのは、その間を分ける明確な境界線があるわけではなく、いわば概念上での便宜的な区切りなのである。現実の文化の問題は、物理的に正確に線引きできるものではない。現実の人びとは様々だ。文化に見られる違いは「この種の人びとには、このようなことについて、このような〝強い傾向〟が見られる」といった形でのみ、指摘できるものである。このことなしに「異文化」の話題を展開すれば、各地域の人びとのあり方を単純にステレオタイプ化し、それらを羅列するだけのものとなりかねない。

異文化接触における「伝え合い」

異文化間の接触に見られる基本的な型としては、まず、相互に及ぼす影響がほとんど見られない例がある。たとえば、日本でも一昔前には、同じ地域に居住していても、そこの住民とは用足し程度のつきあいしかない外国人がいたものであった。そうした人びととの中には、十数年もその土地に暮らしていながら、土地の言語も片言しか話そうとせず、近所で買い物をする以外のつきあいをもとうとしない者もいた。彼らは異文化の中に住みながらも、異文化とはほとんど接触をもつことなしに、生活が成り立っていたのである。他のアジアの地域やアフリカなどでも、ヨーロッパ人の中には、同じ地域内に生活していながら、他の宗教の信者とはほとんど接触をもたないという例をしばしば見かける。

次に、接触している相手の側の文化に強い影響を受ける例がある。その場合は、異なる文化から積極的に異なる文化コードを受け入れることで、人びとは相手の価値観にあわせて「伝え合い」を試みる努力をする。その逆の例は、片方の文化に属す人びとが相手の側の人びとに自分たちの価値観を強要する場合である。言うまでもなく、かつての戦勝国や独裁的な支配をする人びとがいる地域には普通に見られたものであった。

そして最後に見られるのが、両者が相互にある程度ずつ影響を及ぼしあう場合となるであろう。
また、そうした異文化接触を通して、接触した文化とは異なる新しい文化が生まれてくる場合もある。中でも、わたしが大きな関心をよせてきたのが、主に大航海時代以降、故郷から遠く離れた未知の土地に奴隷として強制的に送りこまれ、母語や伝統を根こそぎ奪われた人びとが、言語も文化も異にする人びとと接触する中で、わずか数世代のうちに創りあげた新しい言語である。そうした言語は世界各地に見られるが、ピジン・クレオル諸語と総称される。

わたしがクレオルという言語と最初に出会ってから、すでに半世紀近い年月が流れた。その間、アフリカ、インド洋、カリブ海域、南北アメリカ、太平洋諸島など、クレオル語のフィールドワークで訪れた土地は、多様な集団の多様な文化がひしめく場所でもあった。

そうした土地では、たとえ同じ言語を話したとしても、「ことば通じて意味通ぜず」といった事態が避けがたい。だからこそ、「伝え合い」において「ことば」が果たす役割や相手との文化的基盤の違いについて、人びとは否応なしに自覚的にならざるをえないようだ。

わたしは、そこに、異文化の接触、多重文化社会など、現代の「伝え合い」を考えるうえで、重要な縮図となる場所があるように感じている。

第九章
「伝え合い」を支える「文化コード」――「異なる」ということ

「文化コード」とはなにか

現場での「伝え合い」という行為は、ことば、身体の動き、人物特徴、当人たちの社会背景、空間・時間、環境、生理反応などが溶けあったものとして展開されている。

それを「伝え合い」を行っている人物の生活背景という面から見れば、この地上のすべての人間は、いかなる土地で生活をしていても、その土地の言語、道徳（宗教とも重なる）、政治・経済体制、連帯意識（神話、政治的統合などを含む）などが溶けあって一体となっている社会の中での生活者である。それらの要素が「伝え合い」の「文化背景」とも言えるものを支えている。その文化背景の中でなされる「伝え合い」は、情報理論での用語を借りれば、社会の人びとが共有するきわめて多数の「意味単位」と、それほど多くはない数の「組み立て規則」で構成されている「コード」、交換される意味の乗り物としての「メディア」、そして具体的に手渡されることとなる「メッセージ」として示されることになる（第三章参照）。

文化コードに関して、ある社会で「伝え合い」に関わっている人物がすべて同じ言語を話す人びとであり、同じ宗教を信じている信者であり、同じ道徳観にしたがって生活していて、同じ政治イデオロギーを支持し、同じ経済感覚をもち、全員が共通する祖先についての神話を信じているとする。そこで行われている「伝え合い」では、人びとは互いにメッセージの内容を非常に正確に伝え合えることになるはずだ。なぜなら、メッセージを伝える側と読み取る側の文化背景が全員共通したものだからである。そのような状態は一心同体とも言えそうだ。そうなれば、そもそも「伝え合い」の必要などないとさえ言えるかもしれない。

文化を構成するすべてのコードが全員に共有されているこのような社会は、現実には存在しない。ただ、その状態に近い社会ならば、百年ほど前までは地球上にいくつも存在していた。長い年月の間、ジャングルや砂漠の中や海中の小島のような、他の世界から隔絶された場所に存在し続けた少数の集団がいたためである。実際、二十世紀の半ば過ぎまでならば、アフリカ、ブラジル、パプアニューギニアなどには、周辺に住む集団とはほとんど交流することなしに、自集団の文化コードだけにもとづいて生活している小集団がいくつも存在していた。

文化を支えるすべてのコードが共有されている度合いが非常に高い社会ならば、現在でも存在すると言えよう。それは、きわめて強力な政治的独裁体制の下にある社会や、宗教性が著しく高い社会であり、その種の社会に生活する人びとは、ホンネがいかなるものであれ、タテマエとしては同じ文化コードに支えられているとされる表現を、支配層の人びとの圧力によって余儀なくさせられているのである。

「文化コード」が異なるとは

当然のことながら、人間は、同じ社会に生きていても、一人ひとりが異なった存在である。だからこそ、「伝え合い」は、基本的には「異なる者」同士の関係として成り立っている。

しかし、文化コードの違いという話題になると、個人差に関して論じたものはほとんど見当たらない。その種のものは、「日本人とアメリカ人」、「中国人と日本人」といった具合に、国名をタイトルにあげているものが圧倒的に多い。さらに、国民全体があたかも共通の文化コードに頼る生活者のごとくに扱われてしまっているのが普通である。そして、そこで紹介されているのは、個々の国に見られる一般的な習慣、「ステレオタイプ」である。つまり、日本人は食事に箸を使うが、フランス人はナイフとフォークを使う。日本人は出会いの場ではお辞儀をするが、アメリカ人は握手をする、といった類のものなのである。

こうした国別のステレオタイプの紹介の多くでは、国内に見られる多様性は無視されている。しかし、たとえば同じアメリカ人と言っても、実際にはその人が暮らす地域や、属している社会階層によってかなりの違いがある。ニューヨークの繁華街で暮らす人びととニューメキシコの砂漠地帯で暮らす人びとの生活観は、ある面から見れば、中国ならば北京の繁華街で暮らす人びととシルクロードに暮らす少数民族の生活観ほど異なっている。アメリカでは、同じ国内であっても、人通りが少ない路上で他人と行き交えば軽く会釈をしたり、挨拶言葉をかけたりするという土地もある一方で、他人にそのような行為を見せたならば、怪しい人物だと決めつけられてしまったり、怖がられてしまったりする土地もある。「伝え合い」を支える文化コードを共有する集団を考える際には、国という枠組みだけでは十分とは言いがたい。少なくとも、国内のどのような地域の集団なのか、どのような社会階層の集団なのかといった点にも注目する必要がある。

また、異文化とは、文化を構成するあらゆるコードが異なるのではなく、それらのコードを支える諸要素の一部か、またはそれらの要素の組み立て規則の一部が異なっている、ということなのである。

文化コードの違いによる意味のズレ

現在の日本は、多文化社会とか多価値社会であるなどと言われる。そこでの「伝え合い」を考えてみると、一部のコードは一致し、その他のコードはズレているといった状況にあることに気がつく。

たとえば、一般的に言えば、皆が日本語を話しており、いわば「ことば」を支える言語コードは全員同じものである。ところが道徳コードとなると、ある人びとは時代の最先端とされる道徳観を先取りしている。ある人びとは明治時代と変わらない道徳観にしがみついて生きている。宗教コードとなると、ある人びとは特定の宗教の熱烈な信者である。別の人びとは、まるで異なる世界観をもった宗教の信者である。また、宗教などに関心が無い人びとも多い。さらに多くの人びとは、機会あるごとに適度に各宗教に接近して日常を過ごしている。祭りがあれば神道に、クリスマスや結婚式ではキリスト教に、葬式では仏教にと、深入りせずに自由自在に各宗教を渡り歩いて、特に支障を感じていない。

ちなみに、世界各国の宗教に関する信者の人口調査を見ると、日本の宗教信者は国民総人口をはるかに上まわる数である。これはまともな宗教国では考えられないことである。いかなる宗教国でも、信者の数は九〇数パーセントを超えることはない。国民全員が特定の宗教の信者であったとしても、計算上は国民の一〇〇パーセントとなるはずだが、日本での宗教信者数は全国民の一六〇パーセントを超えているのである。しかも、実態は宗教に無関心という人びとが圧倒的に多い国とされているのだ。こうなってしまう理由は簡単である。この種の調査は、祭りや冠婚葬祭などで宗教的な行事に参加して、各宗教団体に登録した人びとを数の根拠としているからである。つまり、いくつもの宗教をかけもちしている人が多数いるわけである。

「伝え合い」を支えるその他のコードについて見ても、大きなズレが見られる。政治イデオロギー・コードとなれば、極左あり、極右あり、ノンポリありである。神話コードとなれば、大和民族説信奉者あり、熱烈な混血論者ありである。このように、言語以外のコードについて一つの社会の中でも様々な例があると同時に、それらの諸コードに対する個人的な選択のあり方もまた多様である。過去の時代の人生観に囚われながらも、過激な政治コードに身をよせ、特殊な宗教を信奉している人がいるかと思えば、日本人離れした現代の若者風の道徳観をもち、宗教には無関心でありながら、大和魂が捨てられないという人もいるだろう。

いわば、日本語という言語コードを共有しながら、その他のコードのあり方がズレているために、同じ「ことば」でも人によって受けとり方が千差万別ということになってしまうのだ。そして、同じ日本語を話しているからこそ、こうした意味のズレに気がつきにくい。まさに、「ことば通じて意味通ぜず」なのである。

ところで、文化コードの違いによる「ことば」の意味の行き違いということでは、「牛の糞」の話が記憶に残っている。西アフリカの一地域の遊牧民は、美しい女性を褒めるとき、「あなたは、まるで牛の糞だ」というのだそうである。この発言を、もし、日本で美女に向かって言ったならば、結果がどうなるかは見当がつく。ほめたつもりが、喜ばれないどころか、逆に嫌な顔をされるだろう。しかし、彼の地では、そう言われた女性は恥じらいを見せながらも喜ぶのだ。理由は簡単である。まず、その土地の遊牧民にとっては、牛の糞は汚いものではない。牛糞は家の素材でもあるし、乾いたものは食器などを洗う際の磨き粉となる。碁石のように指で小さく丸めれば、ゲームの道具にもなる。また、遊牧をする草原には金蝿《きんばえ》がたくさんいる。キラキラと輝く金蝿たちは、その土地では男性のイメージに結びつく。牛の糞には金蝿、すなわち男たちがワッとばかりに群がってくる。それほどその女性は魅力的だということなのである。

『ハムレット』をどう読むか

文化が異なれば、伝える側と受けとる側とが、まったく異なる意味に解釈することも起こりえる。それは、単語のような「ことば」の中の一部品の面でのことだけではない。「筋は伝わるが、受けとる意味は異なる」ということもある。そのことでは、あるアメリカの文化人類学者が紹介している、西アフリカのティブ族の人びとが、シェイクスピアの『ハムレット』をどのように解釈したかについての報告が面白い。

物語では、ハムレットの父である王が叔父に毒殺され、王妃である母がその叔父と時を経ずして再婚してしまう。そのことに、ハムレットが不義と不正を見出して、思い悩み、物語は悲劇に展開していくことになるという筋立てだ。

しかし、ティブ族の人びとは、物語の意味をそのようには受けとらない。その土地では、兄が死ぬと、その弟が兄の妻と結婚することはごく一般的に見られる（このように、夫が亡くなった場合、妻が夫の兄弟と結婚する慣習をレヴィレート〔levirate〕婚という）。それは、きわめて道徳的な行いとされているのである。ティブ族の人びとにとっては、ハムレットの母と叔父との結婚は、不道徳であるどころか、彼らの社会道徳にかなった行いなのである。彼らは、父王が幽霊となって現れるという設定には納得せず、全て呪術師の仕組んだことと考える。伝統的に一夫多妻であるティブ族では、女性の社会的役割や結婚観、人の死や亡霊に対する考え方も、欧米社会とは大きく異なる。そのため、ハムレットの物語を聞いたティブ族の人びとは、ハムレットの叔父と母の結婚は、人びとが手本とすべきものであると考える一方で、ハムレットはというと、その社会の常識から見ればすでに立派な大人になっている年なのに、呪術師の悪だくみにのせられて、次々に軽はずみな考えを起こす愚かな若者だと受けとるのである。

この地上、いかなる土地に生きる人びとも、喜び、悲しみ、希望と絶望の間で思い悩む。しかし、何に関して喜ぶか、何に関して悲しむかといったことの根拠には、文化による違いが見られる。こうしたことを考えていくと、物語の翻訳には、それぞれの社会がもつ文化コードのあり方が深くかかわっており、二つの言語の間の対応の正確さだけ考えていても、物語の意味がまるで伝わらないといった事態が生じてしまうことに気づく。

「友は腹なり」の意味は

「伝え合い」の一部を支える「ことば」表現には、一定の形式をもち、一つのまとまった意味を備えているものがある。その一例が、会話の中に出てくる「ことわざ」である。ことわざには、表面的な意味は理解できるように思えるが、本当の意味を知れば、明らかに異文化を感じるといった例が多く見られる。そして、それは受けとる側の文化背景によって、時には大きな誤解の原因となることもある。

たとえば、東アフリカ各地にはことわざが豊富にある。「友は腹なり」ということわざは、わたしが東アフリカに滞在していた時に何度も耳にしたものの一つである。初めて言われた時には、「友達というのは腹を割って、互いに裏表なく率直に自分の思うことを表現しあえる仲であるべきだ」とでもいう意味かと誤解した。しかし、その本当の意味は、「腹が空いている者に何かを食わせないような人間は、友であるとは言えない」という意味だと分かったのである。日本ならば、生活に余裕がある人に向かって、「少々でもいいのです。お金を下さいませんか」と平然と言う人は、恥も外聞もない人間だと見なされかねない。しかし、彼の地では、非難されるのはむしろ、その願いを断った人の方だということを見せられる機会が幾度もあった。

「言葉は風のようなもの」ということわざについては、「良いことばは、風のようにサッと通り過ぎる、さわやかなもの」ということだと、わたしは長い間、美しいイメージを抱いていた。しかし、真意はそうではなかった。「言葉などというものは、風のごとく過ぎ去ってしまう無責任なものである。だから、本気になって他人のことなど頼りにしたりすべきものではない」というのが、本当だったのである。

その他にも、東アフリカ一帯で知られていることわざに、「山と山とは出会わない。出会うのは人間だけ」というものがある。このことわざにも、わたしは良いイメージをもっていた。「長く出会うことができなかった者にも、いつの日か出会える時がある」。我知らず、そんな風な意味だと勘違いしていたのである。ところが、最近、政治紛争についてマスコミでよく話題にあがるリビアのことを知人と話しているときに、このことわざと同じものがリビアにもあるのを知った。しかし、その意味は予想外のものであった。なんと、「山と山とは出会うことがないから安心できるが、悪い人間とは出会ってしまうこともあるから気をつけろ」という意味だというのである。まさに、「ことば通じて意味通ぜず」を実感したことわざであった。

文化コードと規範

かつて日本に「新人類」と呼ばれる若者が出現したとき、そこでは、「ことば」の用法に欠かせない人間関係の表現のあり方に、若い人びとと年配者との間にズレが出ていることが誤解の原因となっていた。その頃の若者たちは、よそよそしくて堅苦しい敬語で上司に接するよりは、上司にも親しみを込めた仲間ことばで「伝え合い」を行った方が、一緒に仕事をする仲としては望ましいと考えていたのであって、決して上司に無礼な行いをするつもりではなかったのだろう。しかし、年配の人びとから見れば、社会人としてまともな「ことば遣い」とは思えない、つまり社会人としての規範となる言語コードから外れた彼らの会話の仕方は、受けつけ難いどころか、追いつくこともできなかったのである。

「ことば通じて、意味通ぜず」といった事態は、国際的な場面での「伝え合い」を見れば分かりやすい。多くの国の代表が、英語という共通語で演説をしているが、その議題である「平和」、「自由」、「国民の権利」などという語がもつ基本的な意味は、国の情勢によって大きく異なっている。実際には、その場の議論は「ことば通じて意味通ぜず」の状況であり、空回りしているのと同じである。

「伝え合い」を支える「文化コード」の内容面で重要とされるのは、人びとの間に見られる単なる平均的な意味ではなくて、社会で「そうあるべき」、「そうであってほしい」とされる「規範」である。規範なき社会は存在しない。そして、「伝え合い」にも規範的な表現というものがある。しかし、規範そのままの表現を、ある人物が現実の場で日常的に続けたとしたならば、それは奇跡的な出来事であるとも言えるだろう。それに近い表現を日常的にする人間がいたならば、その人物は仲間から大変な変人だと見なされるだけだろう。規範は、個々の生活圏の中で、社会の要求、期待を言語化し、それを行動の基本的な支えとしたものである。現実の「伝え合い」に見られる表現は、個々の人や場合によって実に多様であるが、それを背後から支えているのが規範なのである。

また、「正しさ」を判断する根拠として、社会の側からみた「規範」にそぐう、そぐわないといったこととは別に、個人の側から見た知識による「理解」と心の面での「納得」がある。日常の「伝え合い」において、「正しさ」の判断は知識にもとづく論理的な「理解」よりは、むしろ本人の「納得」に支えられている場合が多い。この「理解」と「納得」という異なるものが、区別されることなく使用されていることにも注意が必要である。

ところで最近気になるのが、「安全」と「安心」という単語である。「安全」はいわば「理解」であり、「安心」は「納得」である。つまり、「食べ物」が「安全である」と言うことは、科学的に人体に害を及ぼさないということを言っているが、その理由を知識として得たからと言って、すべての人が理解するとはかぎらない。なぜならば、その理由の意味は、薬学のような学問に裏づけられているものなので、その分野を学習して身につける力がある人でなければ分からないからだ。だが、そうした形で十分に理解できない人も、世間には少なからずいる。他方、ある種の「食べ物」が「安心」であるということになると、能力の差なしに誰もが納得することが可能である。「安心」は、人びとの気持ちを根拠としているからである。

理想的には「安心」と「安全」との距離がもっとも近くなるのが望ましいが、一般の「伝え合い」では、もっぱら「安心」が先行している。名が通った会社や有名店の名前が付いていれば、人は何も考えずに「安心」して食べ物を口にする。しかし、会社の名を聞いたこともなく、包装も安っぽい食べ物だと、怖くて口にする勇気が出ないというのは、世間では普通のことなのである。

一を聞いて十を知ってはならない

わたしは様々な国での滞在経験が多いが、その国の一地域で起きた出来事の話を口にすると、たちまちのうちに、それを聞く日本の人びとに大変な誤解を与えてしまっている場合があると気づくことが多い。現在のように、テレビが普及し、メールやツイッターのような電子機器を用いた伝達手段が普通になった時代でも、ある国の一地方で起きた出来事をとりあげただけで、その出来事が国全体を揺るがしてしまっているのではないかという錯覚に人びとを陥らせてしまうことが多くある。このようなことは、別にどこの国がというわけではなく、いかなる国の場合でも普通に見られることである。たとえば、近年の出来事では、日本の東北地方の大地震、原子力発電所の事故などは、そのニュースを聞いた多くの国の人びとに、日本全土が崩壊してしまったかのような印象を与えてしまったのである。

ちなみに、わたしの場合、滞在中の国のどこかで暴動や自然災害が起きた場合、はるか遠くの日本から心配して連絡をしてくる人びとの話で知る場合が多かった。日本では大きく報じられているが現地では報道がないとか、わたしが僻地にいたので現地の報道に触れていなかっただとかが理由であった。

こうした経験があるため、わたしは、自分が滞在したことがある国の奥地や僻地での珍しい体験について講演会などで話す場合、その国の名をなるべく出さないように気を遣うか、その話はその国でも珍しい例についてのものであることを意識的に補足するように努めることにしている。人は一を知って十が分かったと勘違いする。そこから話は予想外の広がりを見せ、しばしば誤解を生みだしてしまうという傾向は、どの社会にも見られる「伝え合い」での風評効果なのである。

「アイデンティティ」と「異文化」

「異文化」に関する話題で「異なる」という語について考えていると、「同じ」ということは「異なる」ということを前提としているのではないか、というところに考えが行き着いてしまう。

そもそも、対象が一つしかない場合、それが同じであるとは言えない。同じかどうか、比べる相手が存在しないからだ。「同じ」と言えるのは、その対象の周辺に「同じ種類」の物、つまり、なんらかの点でそれと一致する別の物がある場合である。厳密にいえば、「同じ」ということは、対象とそれ以外の物とが何らかの点で一致するということなのである。「同一であること」、「一致」、「同一性」という意味をもつ単語として、現在では、「アイデンティティ（identity）」という外来語が用いられることが多い。それは、その対象が何であるかを示すとともに、その対象とそれとは異なる物が何らかの点で実は同じだと示すことでもある。

身分証明書と呼ばれるものは、自分が自分であること、つまり、アイデンティティを示す手段の一つである。わたしは、常々、身分証明書とは、人間は不思議なものを発明したと思っている。なぜなら、本人がその場に来られないときに、「この人物の代わりに、わたしが来ました」と言って、代理人である証拠として、来るはずであった人物の写真付きの身分証明書を見せるのならば理屈にあう。しかし、本人がその場にいるのに、身分証明書をもっていなければ、自分が自分であることが認められず、入場が許されない。一方で、身分証明書、すなわち本人以外の物を見せれば入場を許可されるのだから、妙な話である。ただ、これも本人と身分証明書という異なる二つのものが一致することで、アイデンティティを示している一例と言えよう。

「アイデンティティ」を考える場合に、個人的アイデンティティと、集団的アイデンティティがある。自分とは何者か。また、その集団とはどのような特性をもった集団なのか。集団的アイデンティティは、人種、民族、言語、宗教、慣習といった様々な要素を根拠として語られる。ただ、文化コードのあり方が多様化している現在、こうした要素のうちのいくつかに共通点を見つけて、その集団のあり方全体を推し量ることができるわけではない。たとえばアメリカ国籍をもち、英語を母語とし、プロテスタントであるから、その人物はヨーロッパ系の人間であると決めつけることはできない。アフリカ系であるかもしれないし、日系、あるいは中国系かもしれない。また、集団的アイデンティティは、「伝え合い」においては、所属する集団を異にする相手への差別意識、同じ集団に所属する者同士の仲間意識などの意味をこめて意識的に使われる。

「異なる」ことを「装う」

「異なる」ということを考えていると、それは「異文化」といった話題だけでなく、そもそも自分たちの日常のふるまいや装いにも関係していることであると気づかされる。たとえば「装う」ということは、本体そのものとは「異なる」ものになるということに直結する。いかなる人びとも、自らが所属する社会がもつ文化コードの中で、優位に働く行為に向けて自分を装い、演技をして日常生活を送っている。演劇などは、そのあり方の一部を意識的に操作して創り上げたものと言えよう。俳優は、明確に自分以外の何者かを装って演じる。そうしたことを考えていると、わたしは動物行動学者が話題とする「擬態」を思い出す。

擬態には幾種類かの型がある。よく知られているのは、身のまわりの物に色や形を似せることで自らを隠す隠蔽的擬態である。さらに、擬態によって相手に見つかることがなくなり、相手を攻撃しやすくなるという攻撃型の擬態もある。自分の体をわざと目立つ色や形に変えることで、生存上の利益をえる標識的擬態というのもある。これらはすべて、自分とは異なる種類のものを欺くための擬態であるが、その一方で、自分と同じ種類の動物を相手にした同種内擬態というものもある。ある時期になると、同種の他の個体よりも有利な立場に立つために、オスが自分の体の色彩や模様を変化させ、メスを惹きつける様子は、その良い例である。

こうした擬態の例をいろいろ見ていると、人間もまた、周辺に身を潜めて姿を消したり、その場を利用して相手に攻撃を加えたり、自分の身体を大げさに装って相手より優位に立とうとしたり、「伝え合い」の場で様々な努力を積み重ねている。その努力は、動物の擬態と変わらないと思うと、どこか微笑ましい気持ちにもなる。人間以外の動物には、「伝え合い」の場面での、擬態の切り替えのパターンが種に生得的に備わっている。しかし、人間の場合は、自らの文化や個人の好みによって、様々な擬態の姿を選択しながら、「伝え合い」の場面によって意図的に使い分けているのである。

異文化接触から生成される新しい文化――「ピジン語」と「クレオル語」

文化は、歴史の流れの中で互いに影響を与え合い、その結果、共有する部分をも生み出す。他の文化からの借用によって、一見同じように見えても、内容的には別のものに変貌してしまっている例も普通に見られる。こうした異文化の接触や混交といった話題に関して、最近、「クレオル」という語が多くの場面で顔を出すようになった。クレオルに関する議論の多くは言語に関するものであるが、他にも、異文化の接触や混交を背景として生み出された音楽、造形美術、料理から人間の生き方に関する話題まで、実に広い領域で語られている。

異なる文化が接触すれば、新しい文化が生まれることがある。その端的な例が、異言語接触の結果、生成されることがありうる言語、つまりクレオル語である。なお、ここで言う「異言語」とは、単に言語名称が異なるということではなくて、互いに通じないほど異なる言語を指している。

わたしとクレオル語との出会いは、一九六〇年代の初め、大学生のころだった。アフリカの言語の研究に夢中になっていたわたしに、いろいろな助言をしてくれる人がいた。そんな研究をする暇があれば、ヨーロッパの言語でも勉強して、それを紹介した方がよいと言われたことも度々ある。しかし、わたしはアフリカの言語の通訳になろうとか、翻訳者になろうとしたのではない。第一、そのような仕事があるはずもない。

わたしが興味をもっていたのは、日本語や英語などとは異質な言語というのはどのような仕組みを持ったものなのか、ということであった。そのなかで、特定の言語のあり方への興味と同時に、異なった言語が接触する場合にはいかなることが起きるのか、ということにも大いに興味を惹かれていた。そこで対象になるのは、アフリカの言語でなければならないというわけではなかったのだ。

当時、第二次大戦からだいぶ年月は経っていたが、まだ、東京の近辺にも米軍基地がいくつも残されていた。その基地周辺には、アメリカ兵を相手に仕事をする若い女性たちが出没することもあった。そして、その女性たちの中には、アメリカ兵との商売のため、新しい言語表現を身につける者も多く見られた。「ユー、ノーグッドよ。イエスタデー、ユードン　カム。ミー、ユー　ウェイトよ」と、彼女たちは、日本語丸出しの発音で、英語らしきことばを次々に口にして、相手との会話を進めていた。特定の兵士とのつきあいが長くなり、当時は「オンリーさん」と呼ばれた状態で同棲を始める者もいた。そうなると、語彙も増え、文章も次第に長く複雑になる。表現される内容もこみ入ったものとなる。異言語接触の結果、見られることがあるこの種の言語は、形成初期の状態で、単語や簡単な句に留まった場合は「ジャーゴン（jargon）」と呼ばれる。さらに一定の構造を整え始めたものは、「ピジン語（pidgin）」と呼ばれる。ピジン語の話者はかならず別に母語を持ち、ピジン語で表現可能な内容は限定的で、母語との流暢さには違いが大きい。

ピジン語のなかには、ある土地でごく短期間だけ話されて、すぐに立ち消えとなってしまう例も多い。しかし、ある程度長い期間にわたって話し続けられ、その語彙や文法もある程度は整うまでに至っているという例もある。要するに、ピジン語は不安定な状態のものなのである。また、その使用面では、日常生活のごく一部でしか役に立たないという例から、生活で必要なことはかなりの内容まで表現可能という例まで、その表現力の程度差は大きい。こうした点をふまえると、ピジン語は、安定状態に達した言語というより、常に変化にさらされている不安定な状態にあるため、むしろ「ピジン語化（pidginization）」の過程にある言語と言った方が適切だろう。

日本の終戦直後の米軍基地に関係した例、朝鮮戦争後にプサンで形成されかけたバンブー・イングリッシュ（Bamboo English、韓国語、英語、日本語の接触による）の例など、わたしたちに身近なピジン語はみな立ち消えとなった例である。一方、消滅するどころか、むしろ多くの話者を持つようになり、使用場面が増し、いっそう広くて深い内容の表現を可能にする文法を充実させて、従来の言語に替わって住民の母語となってしまうというような場合、その言語は「クレオル語（creole）」と呼ばれる。クレオル語は、必ずしもピジン語の状態を通過するものではないが、基本的には、異言語接触からピジン語、ピジン語からクレオル語という流れが認められる。

こうした流れの中で注目すべきことは、たとえば、アメリカ兵相手のその種の女性たち全員が、同じような日本語式の発音、単語の選択、同じ構造（やや省略された英語文法）をもつ言語を話し始めていたということである。もちろん、彼女たちは、自分たちの言語のあり方を相談してとり決めるなどということは一切していない。「彼女たちは教育レベルが低く、頭も悪いから、まともな英語が覚えられないのだ」、「滅茶苦茶な英語だ」などと言って、当時、世間はおろか、研究者の多くも、彼女たちが話し出した言語に潜む重要性には見向きもしなかった。

しかし、「滅茶苦茶」であるとは、一体いかなることを言うのだろうか。たとえば、百人が同じことを言うのに皆それぞれ違う言い方をした、あるいは、同じことを一人の人間に百回言わせたら毎回まったく違った言い方をしたというのであれば、それは文字通りに「滅茶苦茶」である。しかし、彼女たちは、「言語」というものを支える三大要素〔音声、意味単位〔単語など〕、仕組み〔文法〕〕の面を見れば、全員同じ基盤をもって表現をし始めていたのである。それを可能とした理由に関しては諸説があるが、人間のもつ普遍的な言語能力が目に見える形で現れてきたのではないか、とする説もある。なぜならば、世界各地に見られるクレオル語は、どのような言語が接触してできたものであろうと、同様の文法構造をもつに至っている例が圧倒的に多いからである。それは新しい言語の誕生、新しい文化の誕生とも呼べそうだ。

この種の現象は、実際の異文化接触では一層複雑な背景をもつとはいえ、過去の交易、戦争、民族移動、そして奴隷貿易などの際に、しばしば見られたことである。これまでの異文化接触に関する議論は、二種以上の異なった文化を国などの枠組みでごくおおざっぱにくくり、それらが接触した場合に問題となる文化間の共通点と差異を見出すことを目的とした対照研究に関するものであった。さらには、対照研究の成果を応用し、異なる文化をもつ相手と接する場面で、どのように有効に、かつ有利に「伝え合い」を行うか、という実用面に話題が集中していたと言えよう。

しかし、本来、「伝え合い」における異文化接触は、一人ひとり異なるアイデンティティをもつ個人同士の間で行われている。重要なことは、異文化接触という話題が前提としている「文化」とはいかなるものか、その複雑な姿をしっかりととらえることである。さらに、異文化接触の話題に関しては、単に接触の場面に関することだけでなくて、その結果として生み出されるものは一体何なのか、その結果は人間のいかなる側面を明らかにするのか、あるいは、その結果がもたらす人間への影響はいかなるものなのかといったことが、今後、重要性を増すのではないかとわたしは考えている。

タリの市場にて、パプアニューギニア、二〇〇五年
（撮影・加原奈穂子）

西江雅之（にしえ・まさゆき）一九三七年、東京生まれ。早稲田大学大学院文学研究科芸術学専攻修士修了後、フルブライト奨学生としてカリフォルニア大学（UCLA）大学院・アフリカ研究科に留学。帰国後、東京外国語大学、早稲田大学、東京芸術大学、東京大学などのいくつかの大学で、言語学、文化人類学を担当して教壇に立った。また、主に東アフリカ、カリブ海域、インド洋諸島、パプアニューギニアでフィールドワークに従事。アフリカ諸語、ピジン・クレオル諸語の先駆的研究をなした。現代芸術関係の分野での活動も多い。二〇一五年六月、逝去。
主な著作に、半生記『ヒトかサルかと問われても』、『花のある遠景』、『異郷の景色』、『旅人からの便り』、『マチョ・イネのアフリカ日記』、『東京のラクダ』、『伝説のアメリカン・ヒーロー』、『アフリカのことば』、『異郷日記』、『食べる』、『ことばの課外授業』、『サルの檻、ヒトの檻　文化人類学講義』（吉行淳之介氏との対談集）、『貴人のティータイム』（平野威馬雄氏との対談集）、『たけしの面白科学者図鑑』（ビートたけし他共著）、写真集『花のある遠景』など著書多数。エッセイの名手としても知られ、多くの高等学校国語教科書などにエッセイが採用されている。

ことばだけでは伝わらない
コミュニケーションの文化人類学
二〇一七年九月十一日　第一刷発行
著　者　西江雅之
発行者　田尻　勉
発行所　幻戯書房
郵便番号一〇一－〇〇五二
東京都千代田区神田小川町三－十二
岩崎ビル二階
電　話　〇三（五二八三）三九三四
FAX　〇三（五二八三）三九三五
URL　http://www.genki-shobou.co.jp/
印刷・製本　中央精版印刷
落丁本、乱丁本はお取り替えいたします。
本書の無断複写、複製、転載を禁じます。
定価はカバーの裏側に表示してあります。

© Nishie Masayuki 2017, Printed in Japan
ISBN978-4-86488-128-9　C0095

旅に出たロバは　本・人・風土　小野民樹

行ってみたいな、よその国。神保町から屋久島、トカラ列島、モンゴルの草原、ラオス……アジアのうちにどこか、何かを僕らは求めゆく。消え行く時代と見えない未来を踏みしめる時間紀行！『増補版　60年代が僕たちをつくった』と同時刊行の、元編集者によるエッセイ。　2,500円

増補版　60年代が僕たちをつくった　小野民樹

ここに登場するのは、1946年、7年生まれの、東京郊外の公立高校の同期生たちである。「教養小説」の伝でいえば、「教養ノンフィクション」とでもいったらよいかもしれない——同世代から支持された洋泉社版（2004年刊）から13年。単なる60年代論を超えた名著に、都立西高同級生のその後を増補。　2,500円

琉球文学論　島尾敏雄

日本列島弧の全体像を眺める視点から、琉球文化を読み解く。著者が長年思いを寄せた「琉球弧」の歴史を背景に、古謡、オモロ、琉歌、組踊などのテクストをわかりやすく解説。完成直前に封印されていた、1976年の講義録を初書籍化。琉球文化入門・案内書として貴重な一冊。生誕100年記念出版。　3,200円

新装版　和音羅読　詩人が読むラテン文学　高橋睦郎

ラテン文学は他のどんな文学にも増して、後世を生きる者、ことに現代日本人の人生の指針になりうる。カエサル、ウェルギリウス、セネカ、ペトロニウス……世界文学の祖にしていま読むべき古典を、日本語訳と共にたどる通史。沓掛良彦氏絶賛。鮎川信夫賞（詩論集部門）受賞　3,800円

散歩の昆虫記　奥本大三郎

「会社にぶらさがるより、木にぶらさがった方が、人のためにもなる」。『ファーブル昆虫記』の翻訳などで知られるフランス文学者にして無類の昆虫愛好家である著者が、国内外を旅し、“虫の眼”で世界を眺める歓びをユーモラスに綴ったエッセイ集。著者自身による挿画・写真も多数収録。　2,200円

昨日と明日の間　編集者のノートから　小尾俊人

昭和20年敗戦——。焼跡に「みすず書房」を立ち上げた出版人が記す“普遍的な現在《いま》”。創業後初の出版物、片山敏彦『詩心の風光』から、丸山眞男『戦中と戦後の間』、フランクル『夜と霧』、『現代史資料』まで、様々な本のかたち、時代や社会のかたち、人のかたちを見つづけた歳月を綴る。　3,600円

幻戯書房の好評既刊（税別）